WORLD ALMANAC®
BIBLIOTECA DE LOS ESTADOS

Illinois

EL ESTADO PRADERA

por Kathleen Feeley

Asesora curricular: Jean Craven,
Directora de Apoyo para la Enseñanza,
Albuquerque, NM, Escuelas Públicas

WORLD ALMANAC® LIBRARY

Please visit our web site at: www.worldalmanaclibrary.com
For a free color catalog describing World Almanac® Library's list of high-quality books
and multimedia programs, call 1-800-848-2928 (USA) or 1-800-387-3178 (Canada).
World Almanac® Library's fax: (414) 332-3567.

Library of Congress Cataloging-in-Publication Data available upon request from publisher.
Fax (414) 336-0157 for the attention of the Publishing Records Department.

ISBN 0-8368-5544-2 (lib. bdg.)
ISBN 0-8368-5551-5 (softcover)

First published in 2004 by
World Almanac® Library
330 West Olive Street, Suite 100
Milwaukee, WI 53212 USA

Copyright © 2004 by World Almanac® Library.

Design and Editorial: **Jack & Bill**/Bill SMITH STUDIO Inc.
Editors: Jackie Ball and Kristen Behrens
Art Directors: Ron Leighton and Jeffrey Rutzky
Photo Research and Buying: Christie Silver and Sean Livingstone
Design and Production: Maureen O'Connor and Jeffrey Rutzky
World Almanac® Library Editors: Patricia Lantier, Amy Stone, Valerie J. Weber,
  Catherine Gardner, Carolyn Kott Washburne, Alan Wachtel, Monica Rausch
World Almanac® Library Production: Scott M. Krall, Eva Erato-Rudek, Tammy Gruenewald
Translation: Victory Productions, Inc.

Photo credits: p. 6 (all) © Corel; p. 7 (top) © Sandy Felsenthal/CORBIS; (bottom) © Library of
Congress; p. 9 (top) © Dover Publications, (bottom) © Michael S. Lewis/CORBIS; p. 10
© Univ. of Chicago Library Special Collections; p. 11 © ArtToday; p. 12 © Library of Congress;
p. 13 © Advertising Ephemera Collection/Duke University Special Collections Library; p. 14
© Library of Congress; p. 15 (top) © Terry Ashe/TimePix; p. 17 courtesy of Illinois Bureau of
Tourism; p. 18 © Steve Liss/TimePix; p. 19 courtesy of Illinois Bureau of Tourism; p. 20 (all)
courtesy of Illinois Bureau of Tourism; p. 21 (from left to right) courtesy of Illinois Bureau of
Tourism, courtesy of Springfield CVB, courtesy of Illinois Bureau of Tourism; p. 26 (from left to
right) © PhotoDisc, © Painet; p. 27 © Corel; p. 29 courtesy of Illinois Board of Tourism;
p. 30 courtesy of Illinois General Assembly; p. 31–33 (all) © Library of Congress; p. 34 (from left
to right) © Jeffrey Rutzky, courtesy of Springfield CVB; p. 35 © Tom G. Lynn/TimePix; p. 36 (from
left to right) © Corel, © Jeffrey Rutzky, p. 37 courtesy of Illinois Bureau of Tourism; p. 39
(clockwise) © PhotoDisc, © Alfred Eisenstaedt/TimePix, © Leonard McCombe/TimePix; p. 40
© Artville; p. 41 (top) © Artville, (bottom) © John W McDonough/TimePix; p. 42–43 © Library of
Congress; p. 44 (all) © PhotoDisc; p. 45 (top) © PhotoDisc, (bottom)

Printed in the United States of America

1 2 3 4 5 6 7 8 9 07 06 05 04 03

Illinois

LITTLE VILLAGE

Introducción	4
Almanaque	6
Historia	8
La población	16
El territorio	20
Economía y comercio	24
Política y gobierno	28
Cultura y estilo de vida	32
Personalidades	38
Línea Cronológica	42
Sucesos y atracciones del estado	44
Más acerca de Illinois	46
Índice	47

El centro de la nación

El espíritu pionero transformó la pradera de Illinois en un mosaico de granjas y ciudades. Este mismo espíritu transformó la naturaleza agrícola de la economía de Illinois de principios del siglo XIX en una economía pujante y diversa, que es la cuarta más grande de Estados Unidos.

Chicago, la capital económica del estado, si bien no es el asiento del gobierno, es la sede del mercado financiero, ocupando el segundo lugar en el país después de la ciudad de Nueva York. Chicago también procesa muchos de los productos agrícolas del estado y es uno de los mercados ganaderos más grandes del mundo. La ciudad ocupa este lugar fundamental en la economía porque es un centro nacional de transporte por autopistas y rutas aéreas. También las vías de navegación son brazos de la red, los puertos de Chicago a orillas del lago Michigan permiten ingresar al canal de San Lorenzo y al océano Atlántico.

La contribución de Chicago a la herencia cultural de la nación con sus personas y logros ha sido inmensa y abarca muchos campos. Los músicos innovadores de Chicago ayudaron a crear el jazz y sus distintos estilos, y el Instituto de Arte de Chicago muestra una de las colecciones de arte moderno más importantes del país.

Chicago y gran parte del resto del estado tienen aún más que los logros de individuos talentosos, tienen un espíritu generalizado: una conciencia y un compromiso social con las ideas políticas progresistas. El estado, conocido como la Tierra de Lincoln, expresa un espíritu progresista que se encuentra no sólo en su legado, sino también en el trabajo pionero de la reformadora social Jane Addams, entre otros. Con visión hacia el futuro y riqueza en recursos físicos y culturales, Illinois ha llegado a ser el centro de una nación activa.

▶ Mapa de Illinois que muestra el sistema de carreteras interestatales, así como las ciudades y las vías de navegación más importantes.

▼ Mapa del centro de Chicago.

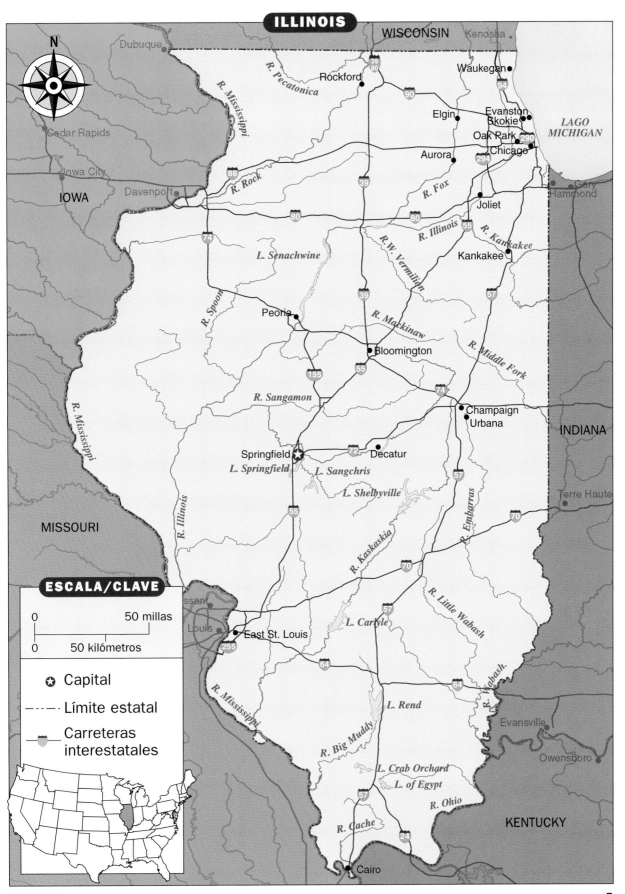

ILLINOIS

Kenosha

Dubuque

R. Pecatonica

Rockford

Waukegan

90
39

90

Elgin

Evanston
Skokie

LAGO
MICHIGAN

Cedar Rapids

Oak Park

294

290

Chicago

Aurora

Iowa City

88

R. Rock

R. Fox

Davenport

IOWA

80

80

Joliet

R. Illinois

55

R. Kankakee

74

L. Senachwine

39

R.W. Vermilion

Kankakee

R. Spoon

R. Mackinaw

57

Peoria

39

R. Middle Fork

55

Bloomington

155

74

R. Sangamon

Champaign
Urbana

INDIANA

Springfield

72

Decatur

L. Springfield

L. Sangchris

57

Terre Haute

L. Shelbyville

R. Embarras

55

R. Illinois

MISSOURI

R. Kaskaskia

R. Little Wabash

70

70

R. Mississippi

ssant

Louis

East St. Louis

57

L. Carlyle

255

64

64

R. Wabash

Evansville

R. Mississippi

L. Rend

Owensboro

R. Big Muddy

L. Crab Orchard

57

L. of Egypt

24

R. Cache

R. Ohio

KENTUCKY

Cairo

Gary
Hammond

ESCALA/CLAVE

0   50 millas

0   50 kilómetros

⭐ Capital

–·–·– Límite estatal

▬ Carreteras
    interestatales

Datos breves

ILLINOIS

ILLINOIS (IL), El Estado Pradera

Se incorporó a la Unión

El 3 de diciembre de 1818 (21 estado)

Capital . . . . .Población

Springfield 111,454

Población total (2000)

12,419,293 (5.° estado más populoso).

Ciudades más grandes . . . . .Población

Chicago 2,896,016
Rockford 150,115
Aurora 142,990
Naperville 128,358
Peoria 112,936

Superficie

55,584 millas cuadradas (143,963 km²)
(24 estado más grande)

Lema del estado

«Soberanía estatal, unión nacional»

Canción del estado

«Illinois», *de Charles Chamberlin y Archibald Johnston*

Ave del estado

Cardenal. *El macho del cardenal se puede ver con facilidad por su plumaje rojo brillante.*

Animal de caza del estado

Ciervo de Virginia. *En 1980 los alumnos de las escuelas de Illinois votaron por este ciervo para que fuera el animal del estado.*

Pez del estado

Mojarra de agallas azules. *Este pez, conocido por ser uno de los más difíciles de pescar, mide cerca de 9 pulgadas (23 centímetros) y pesa menos de 1 libra (454 gramos).*

Insecto del estado

Mariposa monarca. *En 1974 un alumno de tercer grado de Decatur sugirió que la mariposa monarca fuera el insecto del estado.*

Árbol del estado

Roble blanco. *Originalmente el árbol oficial de Illinois fue el roble nativo, y en 1973 se lo cambió por el roble blanco.*

Flor del estado

Violeta nativa. *Esta flor pequeña y de color violeta crece naturalmente en Illinois.*

Mineral del estado

Fluorita. *Illinois es el mayor productor de fluorita de Estados Unidos. Con ayuda de la fluorita se producen el acero, los esmaltes, el aluminio, el vidrio y muchas sustancias químicas.*

Fósil del estado

Monstruo de Tully. *Éste era un animal marino de cuerpo blando que vivió de 280 a 340 millones de años atrás. Sólo en Illinois se han descubierto más de cien fósiles del monstruo de Tully.*

Danza del estado

Cuadrilla. *El baile de cuadrilla fue una actividad social popular en el siglo XIX, durante la época de los pioneros de Illinois.*

LUGARES PARA VISITAR

Casa y sepultura de Abraham Lincoln, *Springfield*
Los visitantes pueden ver esta casa de campo de una planta y media donde vivieron Lincoln y su esposa hasta 1860, cuando asumió como presidente. La casa está ubicada en un barrio histórico de cuatro manzanas.

Museo de Ciencia e Industria, *Chicago*
Este lugar de interés presenta muchas exhibiciones manuales, entre ellas la muestra del tren en miniatura más extenso del mundo, el módulo de comando de la *Apolo 8* y una exposición de aeroplanos. Espectáculos temporarios destacan los últimos temas y avances de la ciencia.

Sitio histórico estatal Cahokia Mounds, *Collinsville*
Las ruinas de una activa ciudad antigua de la cultura del Mississippi, habitada desde el 900 d. de C. hasta el 1500 d. de C. aproximadamente, se han preservado con cuidado, junto con muchos de los túmulos de tierra que los amerindios construían con propósitos religiosos y funerarios.

Véanse otros lugares y sucesos en la página 44.

MÁS GRANDE, MEJOR, SUPERIOR

- La Torre Sears en Chicago, que se terminó de construir en 1974, es el edificio más alto de América del Norte.

- El O´Hare de Chicago es uno de los aeropuertos más activos del mundo.

PRIMICIAS DEL ESTADO

- 1885: En el centro de Chicago se terminó de construir el Home Insurance Building, el primer rascacielos del mundo.

- 1920: Illinois fue el primer estado en ratificar la Decimonovena Enmienda, que dio a las mujeres el derecho a votar.

- 1978: Hannah Gray asumió como rectora de la Universidad de Chicago, la primera mujer que obtuvo el cargo de rectora en una universidad importante de Estados Unidos.

- 1992: Se eligió a Carol Moseley-Braun para el Senado de Estados Unidos, la primera mujer afroamericana que tuvo el cargo de senadora.

¿Curso para hacer hamburguesas?

Illinois es la sede de una institución llamada la Universidad de la Hamburguesa. La fundaron en Oak Book en 1961, y es el centro oficial de entrenamiento administrativo de la corporación McDonald's. Los que desean dirigir un restaurante pueden asistir para aprender los principios básicos del funcionamiento de McDonald's, así como la manera de administrar su propia franquicia McDonald's. Hasta el momento más de setenta mil personas se han «graduado» en la Universidad de la Hamburguesa, que tiene entre su personal unos treinta «profesores universitarios» capacitados.

La Ciudad de los Vientos, ¿en Wisconsin?

Cuando los europeos llegaron por primera vez al lago Michigan, Chicago era una aldea india. Para la época en que Illinois se convirtió en territorio norteamericano, los colonos habían establecido allí un pueblo pequeño. Cuando el Congreso estaba por definir que Illinois se convertiría en estado, su frontera norte pasaba por el oeste del extremo sur del lago Michigan. Si no hubiera sido por un delegado territorial llamado Nathaniel Pope, que luchó para correr la frontera 40 millas (64 km) al norte, Chicago habría sido una ciudad de Wisconsin.

El estado encrucijada

> Una casa dividida contra sí misma no puede sostenerse.
> Creo que el gobierno no puede mantenerse
> permanentemente medio esclavo y medio libre.
> —*Abraham Lincoln, 1858*

Los primeros habitantes de Illinois eran cazadores nómadas que llegaron a la región cerca de diez mil años atrás. Sus descendientes, los indios del Mississippi tenían una cultura compleja y sembraban maíz, calabaza y otros cultivos. Construían ciudades grandes organizadas alrededor de una plaza central, compuesta de grandes túmulos de tierra que usaban con fines religiosos y funerarios. Uno de los más grandes, el túmulo Monk, cerca de Cahokia (Illinois), todavía existe. Era un centro religioso importante que tiene 1,000 pies (304 metros) de largo, más de 700 pies (213 m) de ancho y 100 pies (30 m) de alto. Para la época en que los primeros europeos comenzaron a explorar América del Norte, la cultura del Mississippi estaba desapareciendo, probablemente debido a enfermedades y superpoblación.

Cuando los europeos llegaron por primera vez a Illinois, se encontraron con una confederación de tribus formada por los kaskaskias, los peorias y los tamaroas, que hablaban lengua algonquina. Estas tribus cazaban bisontes y ciervos, y cultivaban maíz y otros vegetales.

Exploración y conflicto

Los primeros europeos que exploraron y poblaron Illinois fueron los franceses. En 1673 llegó a la zona una expedición francesa que recorría el río Mississippi, guiada por el explorador y cartógrafo Louis Jolliet y el sacerdote misionero jesuita Jacques Marquette. Dos años después Marquette fundó una misión cerca de lo que hoy es Utica. En 1680 el explorador francés Robert de LaSalle, en una expedición destinada a encontrar la desembocadura del río Mississippi, estableció el fuerte Crevecoeur en la actual Peoria.

Mientras los franceses reclamaban la posesión de Illinois,

Amerindios de Illinois
Cahokia
Fox
Kaskaskia
Michigamea
Peoria
Sauk
Tamaroa

¿LO SABÍAS?

El nombre *Illinois* proviene de la palabra algonquina *Illiniwek*, que significa «los hombres».

los asentamientos permanentes que habían establecido eran mayormente misiones jesuitas y fuertes para el comercio de pieles. Después de la guerra contra la Alianza Franco-Indígena (1754-1763), los franceses entregaron la mayor parte de su territorio de América del Norte, incluido Illinois, a los británicos. Pero los amerindios aliados de los franceses no aceptaron el control británico. Para disminuir el conflicto entre los colonos europeos y los indios, los líderes británicos emitieron la Proclama fronteriza de 1763, que prohibía establecer asentamientos blancos en el oeste de los montes Apalaches, una zona que incluía Illinois. Pero muchos colonos británicos no tuvieron en cuenta esta proclama y se trasladaron al oeste para instalarse en el territorio de Illinois.

Los colonos se rebelaron contra Gran Bretaña durante la guerra de la Revolución (1776-1783). En 1778 el líder patriota George Rogers Clark llegó a Illinois con un grupo pequeño de tropas continentales. Se apoderaron de los asentamientos británicos de Kaskaskia y Cahokia en el río Mississippi, y conquistaron Illinois para los colonos rebeldes. Illinois fue una colonia de Virginia hasta después de la guerra, cuando Virginia entregó el territorio al nuevo gobierno de Estados Unidos.

◀ El líder patriota George Rogers Clark.

¿LO SABÍAS?

En 1763, cuando los británicos tomaron el control de Illinois, muchos colonos franceses que no querían vivir bajo un gobierno británico se fueron del lugar y se dirigieron hacia zonas del oeste del río Mississippi gobernadas por los españoles.

▼ Túmulos funerarios de una civilización amerindia que existió en la zona del sitio histórico estatal Cahokia Mounds desde el 900 d. de C. hasta el 1500 d. de C.

De territorio a estado

Después de la guerra de la Revolución el nuevo gobierno de Estados Unidos tenía deudas. Para recaudar fondos, el gobierno decidió vender las tierras del territorio del Noroeste, que incluía Illinois. El Congreso aprobó las Ordenanzas del Noroeste de 1784, 1785 y 1787, que explicaban de qué manera Illinois se establecería como estado. Los colonos podían comprar la tierra a un dólar por acre mientras compraran como mínimo una milla cuadrada (640 acres o 259 hectáreas). Se prohibió la esclavitud, y a los colonos se les dio una carta de derechos que garantizaba su libertad. Antes del 3 de diciembre de 1818, cuando Illinois se convirtió en estado, se hizo un trato para modificar su frontera e incluir la pequeña ciudad portuaria de Chicago.

Los mormones

En 1830 Joseph Smith, un granjero del estado de Nueva York, fundó la Iglesia de Jesucristo de los Santos de los Últimos Días. A Smith y a sus seguidores, conocidos como mormones, los perseguían por sus creencias, por eso dejaron Nueva York y se fueron hacia el oeste en busca de libertad religiosa. En 1839 los mormones llegaron a Commerce (Illinois), donde construyeron una ciudad y centro religioso llamado Nauvoo. Esta comu-

▼ Joseph Smith, que fundó la Iglesia de Jesucristo de los Santos de los Últimos Días, vivió en esta casa, en Nauvoo (Illinois).

nidad mormona prosperó, y la población pronto llegó a más de veinte mil residentes. Continuaron las tensiones entre los mormones y los que no lo eran, y en 1844 detuvieron a Joseph Smith y lo pusieron en prisión en Carthage (Illinois), donde lo mató una muchedumbre que estaba en contra de los mormones. En 1846 los seguidores de Smith, liderados por Brigham Young, dejaron Nauvoo y se establecieron en Salt Lake City (Utah).

La Tierra de Lincoln

Abraham Lincoln se mudó a Illinois en 1830, a los veintiún años. Como muchos pobladores de Illinois, él y su familia llegaron en busca de una vida mejor. Lincoln tuvo muchos trabajos (cortador de madera para el ferrocarril, vendedor, perito) antes de alistarse en la milicia de Illinois.

En 1832 el jefe amerindio Halcón Negro lideró un grupo de indios sauk y fox contra los pobladores blancos de la zona del río Rock, en Illinois. Para reclamar la tierra llegó con un grupo de cerca de mil hombres, mujeres y niños. A fin de expulsarlos, se llamó a la milicia de Illinois, siendo Abraham Lincoln capitán de la compañía. A Halcón Negro lo dominaron rápidamente y obligaron a los indios a renunciar a sus reclamos sobre todas las tierras de Illinois y a mudarse hacia el oeste.

Después de la guerra, Lincoln se desempeñó en la legislatura del estado desde 1835 hasta 1841. En 1836 empezó a ejercer como abogado y en 1837 se mudó a Springfield, la nueva capital de Illinois. En 1846 ingresó en la política nacional al ser elegido para la Cámara de Representantes de Estados Unidos, donde cumplió un mandato. Cuando en 1858 se enfrentó a Stephen Douglas por su escaño en el Senado de Estados Unidos, los dos políticos mantuvieron una serie de debates famosos sobre la esclavitud y la sociedad estadounidense. Aunque Lincoln perdió frente a Douglas en las elecciones para el Senado, los debates le valieron el reconocimiento nacional, y dos años más tarde lo eligieron presidente.

Por la elección de Lincoln, Carolina del Sur se retiró de la Unión, y otros estados sureños la siguieron. En 1861 comenzó la Guerra Civil e Illinois

Halcón Negro
1767–1838

En 1804 las tierras de las tribus sauk y fox en Illinois pasaron a manos del gobierno de Estados Unidos. Muchos amerindios, incluso el guerrero Halcón Negro (cuyo nombre en sauk era Ma-ka-tai-me-she-kia-kiak), se volvieron enemigos de Estados Unidos. En la guerra de 1812 Halcón Negro, y muchos otros, pelearon a favor de los británicos. En las décadas de 1820 y 1830 siguió aumentando la cantidad de asentamientos blancos, y también crecieron las tensiones. Halcón Negro se convirtió en jefe de un grupo de indios sauk y fox que estaban decididos a reclamar su tierra natal. En contra de las órdenes del gobierno federal de Estados Unidos que reubicó a los sauk y los fox al oeste del Mississippi, Halcón Negro continuó guiando grupos de indios a sus aldeas de Illinois. Por último, en abril de 1832, se convocó a la milicia de Illinois y a tropas de Estados Unidos para que expulsaran a un grupo de hombres, mujeres y niños nativos. La lucha duró cerca de tres meses y al finalizar habían muerto la mayoría de los guerreros de Halcón Negro. Después de la guerra de Halcón Negro, los sauk y los fox abandonaron sus reclamos de tierras en Illinois y se retiraron al oeste. A Halcón Negro lo tomaron preso, lo exhibieron por las ciudades de la costa este como guerrero indio y lo llevaron de nuevo con los sauk, donde escribió la historia de su vida en 1833 y murió en 1838.

estaba a favor de la Unión. En ella pelearon unos 250.000
hombres de Illinois. Después de cuat~~
sangriento, bajo el liderazgo de Linc~
Sur. El 14 de abril de 1865, sólo poco
terminara la Guerra Civil, asesinaro

Chicago y la revolución del tr~

Chicago fue un asentamiento pequeñ~
Michigan hasta la década de 1830, cu
transporte la transformó en un centro
En 1825 inauguraron en Nueva York,
canal Erie, que unía los Grandes Lago
puerto de Nueva York. Esto abrió una
transporte y el comercio entre el medi
Nueva York, y provocó el crecimiento i
1848 se completó el canal de Illinois y
los Grandes Lagos con el río Mississip
fundó la Junta de Comercio de Chicago   ~ puso
normas en el mercado de cereales y estableció precios a los
numerosos productos de granja que llegaban a Chicago desde
las tierras de cultivo ricas del sur de Illinois y del resto del
medio oeste.

Rápidamente los ferrocarriles reemplazaron a los canales
como la mejor vía de transporte de productos desde las
granjas hasta las ciudades. Entre 1850 y 1900 se tendieron
miles de millas de vías férreas a través de la nación, y gracias
al auge del ferrocarril Illinois prosperó. En 1852 Chicago se
convirtió en la terminal oeste de dos líneas de ferrocarril del
este de Estados Unidos. Para 1880 Chicago tenía más de
veinte líneas de ferrocarril que la atravesaban, conectando la

▼ En 1907 la
locomotora más
grande del mundo
pertenecía a la
Chicago & Alton
Railroad Company.

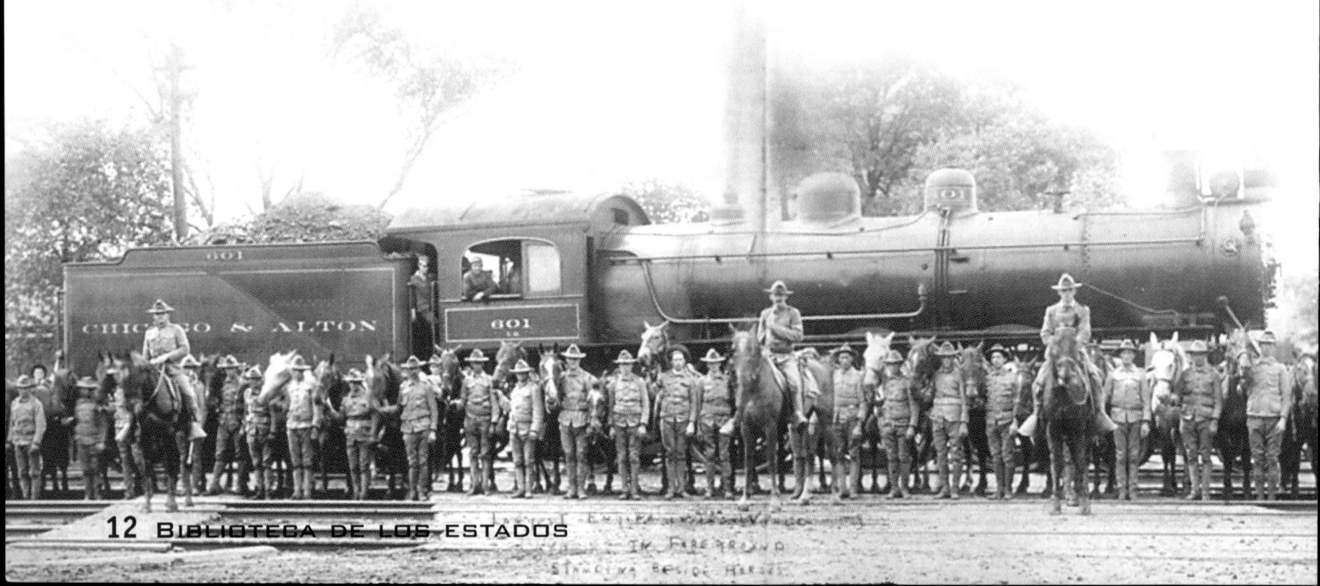

ciudad y todo Illinois con el resto de Estados Unidos y gran parte de Canadá. Como Chicago se convirtió en el nexo entre el noreste industrial y el medio oeste agrícola, en la ciudad se desarrollaron otras industrias. Entre ellas los negocios de venta minorista por correo y los almacenes departamentales, como Sears Roebuck y Montgomery Ward, la industria cárnica, la manufactura de productos de metal y vagones de ferrocarril.

El gran incendio de Chicago de 1871

Era la ruina total, la completa desolación que uno veía en cada mano; el vacío absoluto de lo que pocas horas antes había estado tan lleno de vida, de asociaciones, de aspiraciones, de todas las cosas que mantenían la mente del habitante de Chicago en constante dinamismo.
—Elias Colbert y Everett Chamberlin, Chicago and the Great Conflagration (Chicago y la Gran Conflagración), 1871

La noche del 8 de octubre de 1871 estalló un incendio en el centro de Chicago. Ardió furiosamente durante dos días, hasta que la lluvia ayudó a apagarlo. Cuando finalmente se extinguió, los habitantes de Chicago sacaron cuentas de los daños. La parte de la ciudad que se incendió cubría 4 millas cuadradas (10 km2) e incluía el distrito comercial. Más de noventa mil residentes se quedaron sin casa, y se habían destruido cerca de dieciocho mil edificios, lo que sumaba más de $2 millones en pérdidas materiales. Aunque el fuego fue devastador, de una población de 330,000 personas sólo murieron unas 250.

Durante los dos años siguientes, con la ayuda de artesanos y trabajadores de toda la nación, Chicago se reconstruyó rápidamente. Estos edificios se construyeron sobre la base de nuevas normas de seguridad contra incendios. En la década de 1880, en el distrito comercial de Chicago nació la era de los rascacielos modernos con esqueleto de acero. Los esqueletos de acero permitían que las estructuras fueran más altas de lo que era posible con los métodos de construcción anteriores. El primer rascacielos fue el Home Insurance Building, en el centro de Chicago, diseñado por William LeBaron Jenney y finalizado en 1885.

Venta por correo

En agosto de 1872 Aaron Montgomery Ward fundó el primer negocio de venta minorista por correo de Estados Unidos para mercaderías en general. Para aprovechar la amplia red de transportes que le permitía enviar los productos a los clientes a través de la nación, Montgomery Ward and Company tenía su sede en Chicago. El negocio prosperó ya que permitía que la gente que vivía en zonas rurales, lejos de los almacenes minoristas, comprara por correo los bienes que necesitaba. Un importante competidor apareció en escena cuando en 1893 Sears Roebuck and Company se trasladó a Chicago. Para 1895 el catálogo de Sears tenía 532 páginas de productos, desde prendas de vestir hasta ropa de cama y juguetes. Durante los años veinte Sears y Montgomery Ward abrieron sus primeros almacenes minoristas en Chicago. Estos gigantes de la venta minorista por catálogo fueron muy importantes para la economía de Illinois. En 2001, después de 120 años de funcionamiento, Montgomery Ward cerró sus puertas, pero su sede de Chicago se mantiene como sitio histórico nacional notable. Sears permanece en Chicago, un minorista nacional con una larga historia.

¡Trabajadores únanse!

Durante fines del siglo XIX Illinois fue el centro de un gran descontento laboral. En 1886 trabajadores y dirigentes sindicales se reunieron en Haymarket Square, en Chicago, para pedir por una jornada laboral de ocho horas. El acontecimiento llegó a la violencia, y en los disturbios murieron varios policías y manifestantes. En 1894, hubo una huelga general de trenes en la que participaron todos los trabajadores de la nación, quedando Chicago y el resto de Illinois sin servicio durante dos meses. La huelga provocó tantos incidentes violentos y afectó tanto los negocios estadounidenses, que el presidente Grover Cleveland llamó a las tropas federales para obligar a los manifestantes a regresar al trabajo. La activista social Jane Addams, fundadora de la Hull House en Chicago, fue líder de los trabajadores que pedían jornadas de trabajo más cortas. Los esfuerzos de Addams y de otros reformadores no tuvieron recompensa hasta 1938. En ese año se estableció la jornada laboral de ocho horas mediante la ley nacional de Normas Laborales Justas.

Siglo XX

Desde 1917 a 1918 Illinois envió más de 300,000 hombres a Europa a pelear en la Primera Guerra Mundial. Después de la guerra el estado se benefició con el auge de la economía nacional. En este período de prosperidad de posguerra, miles de afroamericanos migraron a Chicago desde el Sur en busca de mejores oportunidades económicas y sociales. Illinois sufrió junto al resto de la nación durante la Gran Depresión de 1929, que trajo un récord de desempleo y pobreza. En 1939 el descubrimiento de petróleo en el centro y sur de Illinois ayudó a mejorar la economía del estado, pero la nación no se recuperó verdaderamente hasta que en Europa estalló de nuevo la guerra.

▼ Después del gran incendio de 1871, gran parte de Chicago quedó en ruinas.

La Escuela de Chicago

En 1867 William LeBaron Jenney fundó en Chicago una empresa de arquitectura que formó a muchos arquitectos importantes y tuvo un papel fundamental en el desarrollo de los rascacielos. Este grupo de arquitectos, entre los que estaban Louis Sullivan y Daniel H. Burnham, se conoció con el nombre de «Escuela de Chicago». Aunque en el transcurso de los años se demolieron algunas de sus obras, como el Home Insurance Building, muchas permanecen hoy como sitios históricos notables. Algunos de sus edificios más importantes son el Teatro Auditórium, actual sede de la danza y el teatro de Chicago, y el edificio Carson Pirie Scott and Company, en el centro de Chicago. Gracias a la influencia que tuvo el trabajo de estos arquitectos, algunos consideran que Chicago es la sede de la arquitectura moderna.

Chicago jugó un papel fundamental durante la Segunda Guerra Mundial, cuando científicos de la Universidad de Chicago trabajaron en el Proyecto Manhattan, un programa federal ultrasecreto para desarrollar la bomba atómica. En 1942, en uno de los laboratorios de la universidad, Enrico Fermi y un grupo de científicos pudieron controlar por primera vez una reacción atómica en cadena.

Richard J. Daley fue alcalde de Chicago desde 1955 hasta su muerte en 1976. Durante su carrera Daley construyó una sólida base demócrata en la ciudad y en el estado, que llegó a tener gran influencia en toda la nación. Algunos lo criticaron por tener demasiado poder, mientras que otros aplaudieron su habilidad para lograr que las cosas se hicieran. Mientras otros centros urbanos estadounidenses decaían, Daley llevó a cabo una renovación urbana importante en Chicago, que transformó una vez más el distrito comercial y mantuvo próspera a la ciudad.

Illinois tuvo otros líderes destacados, como Ronald Reagan, que nació en Tampico (Illinois). Desde 1980 hasta 1988 Reagan cumplió dos mandatos como presidente de Estados Unidos. En 1992 los votantes de Illinois eligieron a Carol Moseley-Braun, la primera mujer afroamericana de la nación que nombraban senadora. A lo largo de la historia de Illinois, sus personalidades han mostrado un espíritu innovador y resuelto, un espíritu que ha contribuido a que el estado superara momentos difíciles y aportara líderes y recursos al resto de la nación.

▲ Carol Moseley-Braun, senadora demócrata de Illinois, fue la primera mujer afroamericana que llegó al Senado de Estados Unidos. En relación con la atención que despertó por ello, Moseley-Braun dijo: «Lo único que quiero verdaderamente es llamar poco la atención. Cuando la gente hable de mí, me gustaría que dijera: "Carol es en esencia una Bill Bradley pequeña", o "Carol es como Al Gore con faldas"».

Los granjeros y los habitantes de las ciudades

> Tomamos, por último, el camino de regreso a casa, y en unas cuantas horas llegamos a esa asombrosa ciudad de Chicago: ciudad en la que siempre se está frotando la lámpara de Aladino para que aparezca el Genio y ejecute las nuevas ideas y se puedan alcanzar tantas cosas nuevas que parecían imposibles.
>
> —*Mark Twain, Vida en el Mississippi, 1883*

Illinois tiene una población de 12.4 millones de habitantes y es el quinto estado más populoso de la nación. Hay una mezcla diversa de personas. Muchos han emigrado de otros países o son descendientes de inmigrantes anteriores. El 49 % de la población actual es masculina, mientras el 51 % es femenina. La edad promedio en Illinois es de 34.7 años, un poco mayor que en el resto de la nación, que es de 32.8 años.

Educación

Illinois tiene una población con un nivel de educación muy alto. Cerca del 75 % de los adultos tienen título secundario, y más o menos el 20 % ha completado estudios universitarios.

Distribución por edades en Illinois

Edad	Población
0–4	876,549
5–19	2,728,957
20–34	2,662,517
35–54	3,610,612
55–64	1,040,633
más de 65	1,500,025

Patrones de inmigración

La cantidad total de inmigrantes a Illinois en 1998 fue de 13,163 personas. De esa cantidad, los grupos inmigrantes más grandes vinieron de México (30 %), de la India (10 %) y de Polonia (10 %).

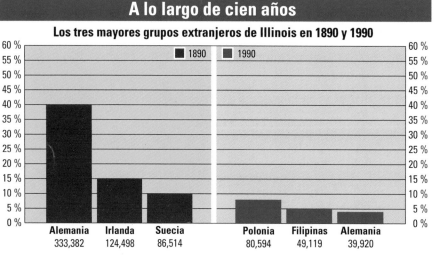

A lo largo de cien años

Los tres mayores grupos extranjeros de Illinois en 1890 y 1990

1890 — Alemania 333,382 · Irlanda 124,498 · Suecia 86,514

1990 — Polonia 80,594 · Filipinas 49,119 · Alemania 39,920

Población total del estado: 2,192,404
Total de extranjeros: 842,347 (38 %)

Población total del estado: 11,430,602
Total de extranjeros: 952,272 (8 %)

La inmigración

La inmigración siempre tuvo un papel importante en el desarrollo de la población, la vida y la cultura de Illinois. Después de la guerra contra la Alianza Franco-Indígena, muchos de los franceses que se habían establecido en Illinois se mudaron a otros lugares, porque no querían estar bajo el control británico. Al mismo tiempo algunos pobladores de las

▲ El río Chicago fluye a través del centro de Chicago.

Herencia y orígenes, Illinois · Año 2000

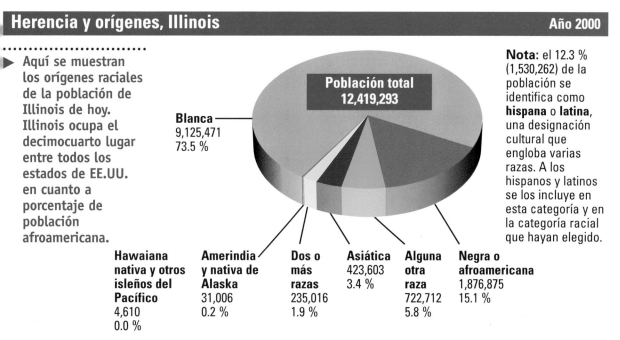

▶ Aquí se muestran los orígenes raciales de la población de Illinois de hoy. Illinois ocupa el decimocuarto lugar entre todos los estados de EE.UU. en cuanto a porcentaje de población afroamericana.

Población total 12,419,293

Blanca
9,125,471
73.5 %

Nota: el 12.3 % (1,530,262) de la población se identifica como **hispana** o **latina**, una designación cultural que engloba varias razas. A los hispanos y latinos se los incluye en esta categoría y en la categoría racial que hayan elegido.

Hawaiana nativa y otros isleños del Pacífico
4,610
0.0 %

Amerindia y nativa de Alaska
31,006
0.2 %

Dos o más razas
235,016
1.9 %

Asiática
423,603
3.4 %

Alguna otra raza
722,712
5.8 %

Negra o afroamericana
1,876,875
15.1 %

Nivel de educación de los trabajadores de Illinois	
Menos de 9.°	528,183
De 9.° a 12 grado, sin diploma	752,138
Escuela secundaria completa, o equivalentes	2,290,896
Colegio universitario incompleto o sin título	1,614,640
Título asociado	487,679
Licenciatura	1,328,906
Título profesional o de posgrado	771,427

colonias británicas de la costa atlántica se mudaron hacia el oeste, a Illinois. A principios de 1840 gran cantidad de irlandeses y alemanes emigraron a Estados Unidos y muchos se establecieron en el norte de Illinois.

A fines del siglo XIX y principios del XX, olas sucesivas de inmigrantes del norte y luego del este y sur de Europa llegaban a Estados Unidos, muchos se establecieron en Illinois, especialmente en los centros urbanos. La industria y la manufactura de las ciudades atrajeron a inmigrantes de todas partes con la promesa de un trabajo estable.

▼ Sal Dimiceli, un hombre de negocios de Chicago, fundó The Time Is Now, una organización sin fines de lucro que dona alimentos, servicios y dinero para la gente necesitada del municipio de Pembroke.

En 1910 los grupos de inmigrantes más grandes de Illinois eran alemanes, austrohúngaros, rusos, escandinavos, irlandeses e italianos. Hoy en día la inmigración continúa, ya que las personas llegan al estado desde todas partes del mundo. Desde 1980 hasta 1990 se mudaron a Illinois más de 370,000 inmigrantes.

▲ En Illinois viven muchas comunidades distintas, entre ellas los amish de Arcola. Los amish, una de las «sectas sencillas», son mayormente descendientes de alemanes.

Afroamericanos

Hoy viven en Illinois más de 1.8 millón de afroamericanos. Los primeros que llegaron fueron esclavos que vinieron con sus dueños en el siglo XVIII. Luego de que Illinois se convirtiera en estado en 1818, se prohibió la esclavitud (aunque a los dueños de los esclavos se les permitió mantenerlos). Entre los afroamericanos de esa época había una mezcla de esclavos y hombres libres. Después de la Guerra Civil y de la abolición de la esclavitud, la población afroamericana de Illinois creció en forma constante. Cuando en 1917 EE.UU. entró en la Primera Guerra Mundial, las ciudades del norte tuvieron una gran necesidad de trabajadores. Esta situación desencadenó la «gran emigración», en la que cientos de miles de afroamericanos se mudaron de las zonas rurales del sur a las ciudades del norte. La migración negra a Illinois se disparó, y su destino principal eran los trabajos bien remunerados de las fábricas de Chicago típicas de los tiempos de guerra. En 1910 la población afroamericana en Illinois era de 109,000 habitantes; para 1930 esta cifra había aumentado a más de 1.1 millón.

Religión

Cerca de un cuarto de los habitantes de Illinois pertenecen a Iglesias católicas. Del 38 % de los pobladores que son protestantes cristianos, el porcentaje mayor es de bautistas. Entre otros grupos protestantes hay luteranos, metodistas, presbiterianos y episcopales. Los musulmanes de Illinois representan el 0.4 % del total de la población del estado; hay 71 mezquitas y centros musulmanes. Más de 250,000 habitantes son judíos, y hay 184 sinagogas y templos.

Vida rural contra vida urbana

La mayoría de los residentes de Illinois viven en ciudades, pueblos o suburbios. Cerca de tres millones de personas viven en Chicago, y otros millones más viven en los suburbios que rodean a la ciudad. Un porcentaje estimado del 14 % de la población vive en zonas rurales. Cerca de doscientos mil de estos habitantes rurales viven y trabajan en granjas al sur del estado.

El estado extenso

> Ante nosotros se extendía una llanura ondulante limitada a lo lejos por árboles, mientras que la pradera misma no tenía árboles ni malezas, excepto una angosta fila de matorrales que seguía a algún arroyo llamativo.
>
> —*Dr. R. Ridgeway,* The Ornithology of Illinois *(La ornitología de Illinois), 1913*

Aunque su sobrenombre es el de Estado Pradera, Illinois tiene una variedad de paisajes y vegetación. Y aunque está asentado con firmeza en el medio oeste estadounidense, se beneficia con el acceso a varias vías de navegación importantes que lo unen con el océano Atlántico y el golfo de México.

Illinois tiene una superficie de 55,584 millas cuadradas (143,963 km²) y es el vigésimo cuarto estado más grande de la nación entre los cincuenta estados. También ocupa el centro del continente. Desde Chicago, ubicada en la costa del lago Michigan, se puede viajar por agua a través de los grandes lagos Hurón, Erie y Ontario al río San Lorenzo y hasta el océano Atlántico. Chicago también tiene acceso a las vías de navegación del sur: el río Chicago fluye hacia el río Mississippi que desemboca en el golfo de México.

De norte a sur, desde el lago Michigan hasta el pueblo de Cairo, donde convergen los ríos Mississippi y Ohio, el estado abarca 385 millas (620 km).

Rocas antiguas, tierra fértil

Durante el último período glaciar el hielo cubrió cerca del 90% de Illinois. Cuando los glaciares desaparecieron dejaron

▼ *De izquierda a derecha:* Un águila; el centro de Chicago; una pradera; otoño en Illinois; la histórica Nueva Salem; parque estatal Starved Rock.

capas de tierra gruesa y negra en el norte y el centro del estado, que es una de las zonas más fértiles del mundo. En la actualidad estas zonas son parte del centro agrícola de Estados Unidos. La tierra del sur de Illinois es más fina, menos fértil y menos apta para la agricultura.

Topografía

Una gran parte de Illinois está cubierta de praderas llanas. En el noroeste, oeste y sur hay colinas ondulantes bajas. En el noroeste está el punto más alto del estado: el montículo Charles con 1,235 pies (376 m) de altura. El punto más bajo, está a 279 pies (85 m), en el río Mississippi.

En el sur se extienden las suaves pendientes de Shawnee Hills, que están cubiertas de bosques. Éstas son las últimas estribaciones de las montañas de Ozark. En el extremo sur del estado, limitado por los ríos Ohio y Mississippi, se encuentra el bosque nacional Shawnee.

Clima

Debido a la ubicación geográfica y al extenso eje norte-sur, Illinois presenta grandes variaciones estacionales y regionales en la temperatura y las lluvias. La temporada de cultivo varía desde ciento cincuenta y cinco días en los condados del extremo norte hasta doscientos cinco días en las regiones lejanas del sur.

Masas de aire frío y seco provenientes de Canadá chocan con masas de aire cálido y húmedo del golfo de México, y hacen que en Illinois el tiempo cambie rápidamente. Los cambios abruptos de temperatura pueden ocurrir en unas pocas horas. Las tormentas eléctricas violentas, especialmente en primavera, pueden generar tornados muy dañinos.

Chicago, que está situada en la costa del lago Michigan, también presenta cambios de tiempo bruscos. Su sobrenombre, «the Windy City» (Ciudad de los Vientos), no está directamente relacionado con el tiempo, pero es una descripción apropiada. En invierno, soplan en la ciudad vientos helados.

Temperatura media en enero
Chicago: 22 °F (-6 °C)
Cairo: 37 °F (3 °C)

Temperatura media en julio
Chicago: 74 °F (23 °C)
Cairo: 80 °F (27 °C)

Promedio anual de lluvia
Chicago: 34 pulgadas (86 cm)
Cairo: 46 pulgadas (117 cm)

Promedio anual de nieve
Chicago: 38 pulgadas (97 cm)
Cairo: 9 pulgadas (23 cm)

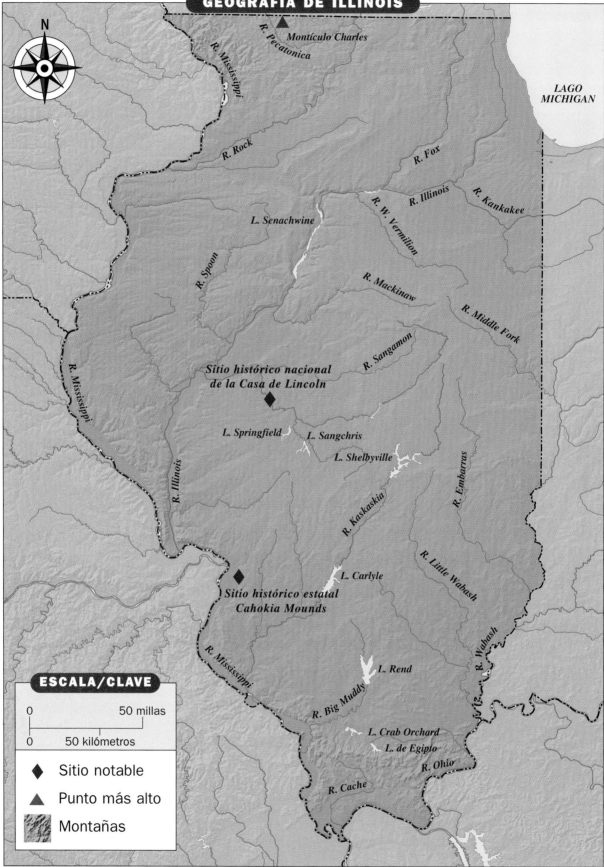

GEOGRAFÍA DE ILLINOIS

N

R. Pecatonica

▲ Montículo Charles

LAGO MICHIGAN

R. Mississippi

R. Rock

R. Fox

R. Illinois

R. Kankakee

L. Senachwine

R. W. Vermilion

R. Spoon

R. Mackinaw

R. Middle Fork

R. Sangamon

Sitio histórico nacional de la Casa de Lincoln

◆

R. Mississippi

L. Springfield

L. Sangchris

L. Shelbyville

R. Embarras

R. Illinois

R. Kaskaskia

R. Little Wabash

◆

L. Carlyle

Sitio histórico estatal Cahokia Mounds

R. Wabash

R. Mississippi

L. Rend

R. Big Muddy

L. Crab Orchard

L. de Egipto

R. Ohio

R. Cache

ESCALA/CLAVE

0 — 50 millas

0 — 50 kilómetros

◆ Sitio notable

▲ Punto más alto

Montañas

De las praderas a las tierras agropecuarias

En un principio Illinois tenía praderas con pastizales y bosques. Los bosques mixtos de roble, nuez de caria, arce, haya, olmo y fresno bordeaban los arroyos y ríos. Entre estos bosques la tierra estaba cubierta de pastos de pradera.

Los pobladores talaron los bosques para obtener combustible y madera, y araron las praderas para cultivar. Hoy quedan unas pocas parcelas de pradera aisladas, mientras la mayor parte del estado se destina a la agricultura. De los bosques originales de Illinois sólo queda cerca del 10%. Alrededor de un cuarto de estos bosques lo ocupa el bosque nacional Shawnee.

Vida silvestre

Por las praderas, los bosques y las colinas de Illinois antes merodeaban bisontes, alces, lobos, osos y pumas. Para 1818, en la época en que se admitió a Illinois en la Unión, estos animales ya casi no existían.

A principios de la primera década del siglo XX el ciervo de Virginia, nativo de Illinois, estaba casi extinguido, pero en 1933 el departamento de Conservación del Estado empezó un programa para recuperar las manadas. Desde entonces la población de ciervos ha crecido rápidamente.

Las especies de aves nativas, que incluyen las aves de caza, como la codorniz y el faisán, son muy abundantes. En primavera y en otoño abundan las bandadas de aves migratorias, ya que pasan a través del estado por el valle del Mississippi.

En los arroyos y ríos del estado abundan los peces gato, las carpas, y los bagres. Los bagres también se crían con fines comerciales en zonas donde se habían hecho excavaciones para la explotación de carbón.

Recursos naturales

Illinois tiene una gran riqueza de recursos naturales, especialmente carbón. Las reservas de carbón bituminoso se han calculado en más de 100,000 millones de toneladas. En la parte sur del estado se extrae petróleo. El carbón y el petróleo en conjunto representan unos dos tercios del valor total de la producción de minerales de Illinois.

Otro mineral importante que se encuentra en abundancia es la fluorita, que se usa en las industrias del acero, química y cerámica. También es un recurso natural importante la arena silícea, que se usa en la manufactura de botellas de vidrio.

¿LO SABÍAS?

Los pastos de pradera pueden llegar hasta 5 o 6 pies (1.5 o 2 m) de alto.

Lagos más grandes

Lago Carlyle
15 millas (24 km) de largo
3.5 millas (5.6 km) de ancho
38 pies (11m) de profundidad máxima

Lago Rend
13 millas (20.9 km) de largo
3 millas (4.8 km) de ancho
35 pies (10 m) de profundidad máxima

Lago Shelbyville
20 millas (27 km) de largo
1.5 millas (2.4 km) de ancho
67 pies (20 km) de profundidad máxima

¿LO SABÍAS?

Los tres lagos más grandes de Illinois son embalses hechos por el hombre.

Ríos más importantes

Río Mississippi
2,350 millas (3,780 km) de largo. 585 miles (941 km) a lo largo de la frontera de Illinois

Río Wabash
475 millas (765 km) de largo

Río Spoon
175 millas (281 km) de largo

Río Sangamon
150 millas (241 km) de largo

Río Ohio
140 millas (225 km) de largo

Piedra angular del transporte

> Carnicera de cerdo del mundo,
> fabricante de herramientas, apiladora de trigo,
> juega con ferrocarriles y con el negocio de fletes de la nación;
> tempestuosa, fuerte, pendenciera.
> Ciudad de los Grandes Hombros.
> —*Carl Sandburg*, "Chicago", *1914*

A la cabeza de la variada economía de Illinois están el transporte, la agricultura, las finanzas y la manufactura, que la colocan en el cuarto lugar del rendimiento económico de la nación. Illinois tiene una fuerza laboral de más de seis millones de personas. Su población está entre las más prósperas de la nación; tiene el noveno ingreso per cápita más alto de Estados Unidos. Muchos trabajadores de Illinois pertenecen a sindicatos, lo cual no sorprende dada la larga historia de actividad sindical y organización laboral que tiene el estado. Algunas de las huelgas y manifestaciones laborales más importantes de EE.UU. han tenido lugar en Illinois.

Principales empleadores
(de empleados de 16 años o más)

Servicios	33.0 %
Comercio mayorista y minorista	21.0 %
Manufactura	19.0 %
Gobierno	12.0 %
Compañías financieras, de seguros y de bienes raíces	7.0 %
Construcción	5.0 %
Agricultura	2.0 %
Minería	0.3 %

Producto estatal bruto de Illinois — En millones de dólares

Producto estatal bruto total $445,666

- Compañías financieras, de seguros y de bienes raíces $90,755
- Manufactura (incluye imprentas y editoriales) $72,563
- Servicios $100,527
- Gobierno $44,180
- Otros $1
- Minería $1,151
- Agricultura, silvicultura, pesca, granjas, servicios agrícolas $3,575
- Construcción $20,059
- Comercio mayorista $35,342
- Comercio minorista $36,683
- Transportes y servicios $40,830

Fuente: Departamento de Comercio de EE.UU., Oficina de Análisis Económico, División Regional de Análisis Económico.

¿LO SABÍAS?

En 1955 Ray Kroc, fundador de McDonald's Corporation, inauguró el primer restaurante bajo licencia en Des Plaines (Illinois). La ganancia del primer día fue de $366.12.

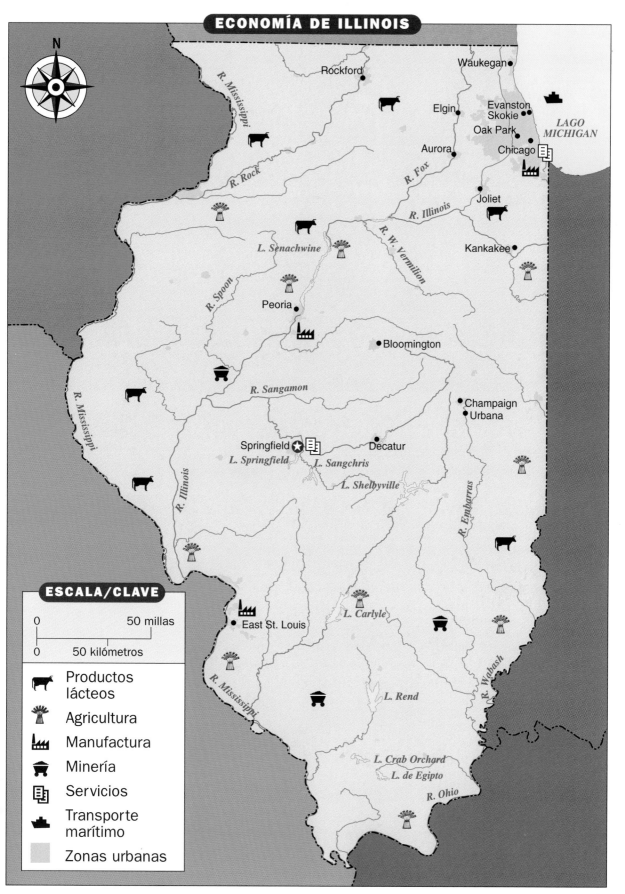

ECONOMÍA DE ILLINOIS

N

Rockford
Waukegan
Elgin
Evanston
Skokie
Oak Park
Aurora
Chicago
LAGO MICHIGAN

R. Mississippi

R. Rock

R. Fox

R. Illinois

Joliet

R. W. Vermilion

L. Senachwine

Kankakee

R. Spoon

Peoria

Bloomington

R. Sangamon

Champaign
Urbana

Springfield
L. Springfield
L. Sangchris
Decatur

L. Shelbyville

R. Embarras

R. Illinois

East St. Louis

L. Carlyle

R. Wabash

R. Mississippi

L. Rend

L. Crab Orchard
L. de Egipto

R. Ohio

ESCALA/CLAVE

0   50 millas

0   50 kilómetros

Productos lácteos

Agricultura

Manufactura

Minería

Servicios

Transporte marítimo

Zonas urbanas

Los transportes

Debido a su posición central y a su excelente sistema de transportes, Illinois es el sexto exportador de bienes de EE.UU., tanto al mercado nacional como al internacional. Con más de 2,000 millas (3,218 kilómetros) de carreteras interestatales y 34,500 millas (55,521 km) de carreteras estatales, el estado proporciona medios rápidos y eficientes para transportar productos en camión. Illinois se enorgullece de tener aproximadamente 1,100 aeropuertos, zonas de aterrizaje y helipuertos. También permiten un flujo de mercancías rápido las 1,118 millas (1,799 km) de vías fluviales navegables de Illinois, incluidos los ríos Illinois y Mississippi.

Chicago tiene el segundo sistema de transportes más grande después de la ciudad de Nueva York. Además, es al mismo tiempo el corazón de Amtrak, servicio nacional para pasajeros en ferrocarril, y una ciudad portuaria clave para buques transatlánticos. Por ser un centro de transporte importante, Chicago se ve favorecida como lugar de convenciones y reuniones de nivel nacional.

Segunda sólo después de la ciudad de Nueva York en la producción de material impreso, la industria editorial de Chicago se concentra en mercados específicos, como material educativo y enciclopedias. Es además el lugar donde están radicadas muchas imprentas que prestan sus servicios a editoriales de toda la nación.

▲ **De izquierda a derecha: Uno de los cultivos clave de Illinois es el maíz. El concurrido parqué de operaciones de la Bolsa de Valores de Chicago.**

¿LO SABÍAS?

Con los 274 millones de fanegas de maíz, Illinois produce cada año 678 millones de galones (3,082 litros) de etanol, más que ningún otro estado.

▼ **Aeropuerto Internacional O'Hare de Chicago.**

Labrar el suelo

Más de 28 millones de acres (11,330,986 hectáreas) del territorio de Illinois, cerca del 80 % de su superficie total, se usan para la producción agropecuaria. El estado se enorgullece de tener unas 76,000 granjas, con un tamaño promedio de 368 acres (149 ha). Illinois es uno de los productores de soja y maíz más importantes de la nación. Dado su clima y su suelo rico, en Illinois se produce una amplia variedad de cultivos, incluido el trigo. Las granjas de Illinois proveen al mercado interno vacas para carne, vacas lecheras y cerdos.

Otra de las principales industrias del estado es el procesamiento de cosechas y animales de granja. Algunos de estos productos agropecuarios se procesan como alimento, mientras que otros se usan como ingredientes de productos de consumo, como jabón, cera, papel y madera.

▲ La cría de ganado vacuno es una parte importante de la economía de Illinois.

Finanzas

Por ser el mercado de materias primas más antiguo y más importante de la nación, el centro de la industria financiera de Illinois es la Junta de Comercio de Chicago. En el recinto de operaciones de la Junta de Comercio se firman contratos y se establecen los precios de los productos agropecuarios, incluidos la soja y el maíz, los dos cultivos más importantes de Illinois. Entre las diversas entidades donde las empresas hacen sus operaciones bursátiles están la Bolsa de Valores de Chicago y la Bolsa Mercantil de Chicago.

Manufactura

Las plantas siderúrgicas que se establecieron en las afueras de Chicago durante los años ochenta del siglo XIX fueron unas de las primeras de la nación, y esta industria sigue siendo fuerte en Illinois, que se encuentra entre los cinco principales estados productores de acero bruto. Existen también muchas empresas que transforman el acero bruto en productos terminados. La provisión de acero y la posición del estado como importante centro de transporte lo han hecho especialmente apto para la fabricación de grandes máquinas, como vagones de trenes y locomotoras, imprentas y equipos agrícolas. Illinois encabeza además la producción nacional de accesorios metálicos soldados, artículos de caucho y máquinas eléctricas.

Industrias de crecimiento más rápido en Illinois

(según cantidad de puestos de trabajo abiertos)

Servicios de búsqueda de personal

Lugares de comida y bebida

Servicios educativos

Servicios empresariales varios

Guarderías y asistencia personal

Servicios administrativos y relaciones públicas

Hospitales

Servicios informáticos y procesamiento de datos

Fuente: Centro de Datos del Comercio y la Industria del Norte de Illinois, ubicado en el norte de Illinois.

Aeropuertos más importantes		
Aeropuerto	Ubicación	Pasajeros por año (aprox.)
Internacional O'Hare	Chicago	72,145,489
Midway	Chicago	12,681,966

Pionero de reformas

> Ordenanza para el gobierno del territorio de Estados Unidos situado al noroeste del río Ohio. El Congreso de Estados Unidos reunido en asamblea ordena que, con el propósito de establecer un gobierno provisorio, a dicho territorio se lo considere distrito, sujeto, no obstante, a ser dividido en dos distritos, si así lo aconsejaren las circunstancias futuras y la opinión del Congreso.
>
> —*Ordenanza del Noroeste, 13 de julio de 1787*

Forjar un estado

El 3 de diciembre de 1818 el Territorio de Illinois se transformó en el vigésimo primer estado de la Unión. El estado se separó del Territorio del Noroeste, que había pasado a ser oficialmente propiedad del gobierno nuevo de EE.UU. al finalizar la guerra de la Revolución. El gobierno de EE.UU. aprobó las Ordenanzas del Noroeste de 1784, 1785 y 1787, legislación que organizaba este territorio y establecía los términos de la condición de estado. En 1809 el Congreso creó el Territorio de Illinois, nombrando a la ciudad de Kaskaskia su capital y a Ninian Edwards su gobernador. En 1818, con 34,620 habitantes, Illinois se incorporó a la Unión. El primer gobernador del estado fue Shadrach Bond. En 1820 se trasladó la capital del estado de Kaskaskia a Vandalia, y en 1839 se la volvió a trasladar a Springfield, donde hoy todavía permanece.

Las constituciones del estado

A lo largo de la historia de Illinois, su legislatura, conocida como Asamblea General, ha estado dispuesta a redactar constituciones nuevas con el fin de atender diferentes cuestiones sociales y políticas. La primera constitución del estado permitía que los dueños de esclavos los conservaran, pero prohibía que se trajeran esclavos nuevos. En 1848 se aprobó una constitución nueva que abolía totalmente la esclavitud en Illinois. En 1870 y 1970 se volvieron a redactar constituciones nuevas. La Constitución de 1970 amplió la

Primicias del gobierno

1979. Jane Byrne fue la primera mujer elegida para ocupar el cargo de alcalde de Chicago.

1983. Harold Washington fue el primer afroamericano elegido para ocupar el cargo de alcalde de Chicago.

Carta de Derechos de Illinois, prohibiendo la discriminación por diferencias de raza, credo, color, ascendencia, sexo, o por impedimento físico o mental. Asimismo, flexibilizó las normas de residencia, permitiendo que más ciudadanos votaran, y creó disposiciones para la protección del medio ambiente.

Pionero de la legislación social

La legislatura del estado de Illinois tiene una larga historia de leyes aprobadas para proteger los derechos y el bienestar de los trabajadores, mujeres, niños y discapacitados. En 1855 la legislatura estatal estableció uno de los primeros sistemas de educación pública gratuita de la nación. En 1877 se creó un consejo de salud para el estado. Una ley de 1883 determinó que los niños debían asistir a la escuela durante cierta parte del año lectivo; la legislación de 1893 estableció un límite a la cantidad de horas semanales que los niños podían trabajar y además determinó que se hicieran inspecciones en las fábricas para mejorar las condiciones de trabajo.

En 1917 se reorganizó el gobierno estatal de Illinois haciéndolo más eficiente al poner bajo su control las más de cien comisiones y organismos independientes. Con tanto énfasis puesto sobre las reformas sociales y legislativas, Illinois ha sido un modelo para los demás estados de la nación.

El estado del estado

Al poder ejecutivo del gobierno estatal de Illinois lo encabeza un gobernador que puede ser reelecto una cantidad ilimitada de mandatos de cuatro años cada uno. Otros altos funcionarios del ejecutivo son el vicegobernador, el secretario de estado, el fiscal general, el tesorero y el interventor, los que también se eligen por cuatro años. La Asamblea General se compone de dos cámaras: el Senado, con cincuenta y nueve miembros, y la Cámara de Representantes, con ciento dieciocho miembros. Hoy el poder legislativo del gobierno de Illinois está dividido en forma pareja entre republicanos y demócratas. La Corte Suprema de Illinois, de siete jueces, tiene la última palabra en las cuestiones judiciales del estado, con cortes de apelación, de circuito y de reclamos.

El derecho al voto

En 1891 la Asamblea General dio a las mujeres el derecho a votar en las elecciones escolares. En 1913 les otorgó el derecho a votar en las elecciones presidenciales; Illinois fue el primer estado al este del Mississippi que permitió que las mujeres votaran en las elecciones presidenciales. En 1920 fue el primero en ratificar la Decimonovena Enmienda, que otorgaba el derecho al voto a todas las ciudadanas estadounidenses.

▼ El edificio nuevo del Capitolio del estado, en Springfield, se inauguró en 1877.

Debajo del gobierno estatal hay tres formas de gobierno local: condados, pueblos y municipios. Para gobernar sus asuntos, los pobladores de los 102 condados de Illinois eligen comisiones. En muchas zonas todavía se reúnen los consejos municipales de vecinos, que fueron una de las primeras formas de gobierno de la Norteamérica colonial, en la cual las personas con derecho a votar se reunían para tomar decisiones acerca de cómo autogobernarse.

Política presidencial

Fueron oriundos de Illinois dos presidentes de EE.UU. y dos primeras damas: Abraham Lincoln, Ronald Reagan, Betty Ford y la senadora Hillary Rodham Clinton. Cuando Reagan ganó las elecciones presidenciales de 1980, entre los oponentes a los que derrotó estaba John Anderson, de Illinois, que se había postulado por el Partido Independiente.

Illinois es un estado importante para las elecciones presidenciales debido a su gran cantidad de votantes electorales. Los republicanos y demócratas se disputan Illinois porque es un «estado oscilante», o sea que nadie puede predecir con facilidad qué partido va a ganar en él. Chicago es marcadamente demócrata, mientras que los suburbios de Chicago y el centro norte de Illinois son republicanos. Los votantes del sur de Illinois pueden inclinarse hacia uno u otro lado; por lo tanto, la lucha presidencial por Illinois es siempre difícil. En las elecciones presidenciales de 1960, John F. Kennedy venció a Richard M. Nixon por muy poca diferencia. A pesar de las acusaciones de fraude y corrupción, cuando Kennedy ganó los votos electorales de Illinois, su victoria quedó asegurada.

▲ Los legisladores debaten sobre cuestiones del estado en el recinto del Capitolio, en Springfield.

Cargos por elección para el poder ejecutivo		
Cargo	Duración del mandato	Límite del mandato
Gobernador	4 años	Ninguno
Vicegobernador	4 años	Ninguno
Secretario de estado	4 años	Ninguno
Fiscal general	4 años	Ninguno
Tesorero	4 años	Ninguno
Interventor	4 años	Ninguno

A la Casa Blanca vía Illinois

Dos hombres de Illinois llegaron a la presidencia de Estados Unidos

ABRAHAM LINCOLN (1861–1865)
Nacido en el condado de Hardin (Kentucky) el 12 de febrero de 1809, Lincoln se mudó con su familia de Kentucky a Indiana para establecerse en Illinois, a la edad de veintiún años. Lincoln tuvo muchas ocupaciones diferentes antes de que en 1834 lo eligieran representante del estado para el primero de sus cuatro períodos. En 1836, mientras era miembro de la legislatura del estado, empezó a ejercer la abogacía, transformándose en uno de los abogados más respetados de Illinois. Durante el cumplimiento de sus funciones en la Cámara de Representantes de EE.UU. (1847-1849), Lincoln criticó la participación de EE.UU. en la guerra contra México, y su carrera política pareció terminarse. Aunque en 1858 fracasó en su intento de derrotar a Stephen Douglas por una banca en el Senado de EE.UU., sus debates atrajeron la atención de la nación hacia él. La victoria de Lincoln en las elecciones presidenciales de 1860 desencadenó la secesión de los estados sureños de la Unión, y Lincoln tuvo que lidiar con una nación al borde de la guerra civil. Fue una enorme tarea la que afrontó para volver a recomponer la Unión. Durante la Guerra Civil, Lincoln condujo la nación con gran destreza política y compasión, y con muchas esperanzas en el futuro. Sin embargo, lo asesinaron apenas unos días después de que el Sur reconociera su derrota, y la tarea de reconstruir la Unión quedó para otros. Recordado como el «Gran Emancipador» de los esclavos y como uno de los más grandes presidentes de la nación, Lincoln es uno de los mejores hijos de Illinois.

RONALD REAGAN (1981–1989)

Nacido en Tampico (Illinois) el 6 de febrero de 1911, Reagan pasó su infancia en Dixon (Illinois). Después de graduarse en el Colegio Universitario Eureka, en Illinois, empezó a hacer carrera en radiodifusión en el medio oeste, y sus transmisiones de los partidos de béisbol de los Chicago Cubs se hicieron muy populares. En 1937 se mudó a California y empezó su carrera como actor cinematográfico. Mientras trabajaba en un sindicato de actores, inició su participación en la política y al poco tiempo estaba haciendo campaña para otros políticos. Su elección como gobernador de California en 1966 fue el comienzo de un ascenso político que finalizó con su victoria en las elecciones presidenciales de 1980. Como presidente, Reagan redujo los impuestos, aumentó el presupuesto militar y recortó los gastos para programas de asistencia social. Durante su segundo mandato mejoraron las relaciones con la Unión Soviética, y a pesar del estallido de un gran escándalo por la venta ilegal de armas a países extranjeros, Reagan continuó siendo un presidente muy popular.

Asamblea general			
Cámara	Cantidad de miembros	Duración del mandato	Límite del mandato
Senado	59 senadores	4 años	Ninguno
Cámara de Representantes	118 representantes	2 años	Ninguno

Emociones urbanas, encantos rurales

> ...Pero Chicago es una gran ciudad estadounidense. Tal vez sea la última de las grandes ciudades estadounidenses.
>
> —*Harriet Martineau, La sociedad en Estados Unidos, 1837*

C hicago, la tercera ciudad más grande de la nación, brinda abundantes posibilidades en materia de espectáculo y cultura, desde presentaciones artísticas hasta museos y deportes profesionales. Second City, el legendario taller de improvisación de comedias, es un punto de partida para muchos de los principales humoristas de la nación. La Steppenwolf Theatre Company produce algunos de los trabajos más originales del teatro estadounidense, además de ser una vidriera para los artistas nuevos.

Chicago se enorgullece de sus varios museos de primera línea. El Instituto de Arte de Chicago muestra no sólo una de las colecciones de arte estadounidense y arte expresionista más bellas del mundo, sino que también cuenta con una prestigiosa escuela de arte y diseño. El Museo Field de Historia Natural, importante centro de investigaciones antropológicas y de ciencias de la tierra, atrae a los visitantes con su famosa sala de dinosaurios y objetos de todas las culturas del mundo. Además de su colección permanente de arte y cultura afroamericanos, el Museo DuSable de Historia Afroamericana ofrece festivales artísticos, talleres y conferencias todo el año.

▼ Desde sus primeros días, el Instituto de Arte de Chicago ha llevado a cabo exposiciones importantes.

Hacer música

Cuando durante la gran emigración los afroamericanos vinieron a Chicago, trajeron el blues, importado del delta del Mississippi. En poco tiempo Chicago tuvo su propia versión del blues, que se desarrolló durante los años de 1940 y 1950. En esta ciudad comenzaron artistas de blues importantes, como Buddy Guy, John Lee Hooker y Willie Dixon.

El arte en la arquitectura

Chicago es un lugar impresionante para el lucimiento de la arquitectura moderna. Las personas que visitan la zona de treinta y cinco manzanas del centro de la ciudad conocida como el «Loop» pueden subir al observatorio de la Torre Sears, el segundo edificio más alto del mundo hasta 2001. Un paseo por el barrio de Oak Park ofrece la posibilidad de ver veinticinco edificios que diseñó Frank Lloyd Wright, uno de los arquitectos más importantes del siglo XX.

Chicago aprovecha su posición frente al lago para brindar a residentes y turistas playas de arena y un extenso sistema de parques ubicados justo en medio de la ciudad. En el jardín botánico de Chicago, en Glencoe, se pueden explorar 385 acres (156 hectáreas) de jardines, praderas y zonas boscosas. Para los que buscan emoción, en el norte de Chicago, cerca del límite con Wisconsin, está Six Flags Great America, que presenta espectáculos en vivo, paisajes temáticos y juegos que desafían la muerte, incluida una montaña rusa en espiral suspendida.

....

▼ El arquitecto Frank Lloyd Wright, de Illinois, se hizo mundialmente famoso por sus diseños innovadores, como la casa de los Dana-Thomas en Springfield.

Carl Sandburg (1878–1967)

Carl Sandburg fue poeta y escribió la biografía de Lincoln, por la que ganó el Premio Pulitzer. Su lugar de nacimiento, en Galesburg (Illinois), está conservado y abierto al público. Sandburg, que era hijo de inmigrantes, tuvo muchos trabajos, organizó un sindicato y luego fue periodista en el *Chicago Daily News*, antes de transformarse en un poeta, novelista y biógrafo aclamado. Escribió muchos libros de poesía y la biografía en varios volúmenes de su coterráneo Abraham Lincoln, ganadora del Premio Pulitzer.

Deportes

Una parte importante de la vida de Illinois son los deportes de equipo, ya sea al nivel de colegios universitarios, ligas de barrios locales o entidades profesionales. La Universidad de Illinois tiene tres sedes principales, cada una con una amplia selección de equipos deportivos. El jugador de fútbol americano Red Grange se destacó en la Universidad de Illinois

▲ El Wrigley Field y los Chicago Cubs de 1929.

Deporte	Equipo	Sede
Béisbol	Chicago Cubs	Wrigley Field, Chicago
	Chicago White Sox	Comiskey Park, Chicago
Básquetbol	Chicago Bulls	United Center, Chicago
Fútbol americano	Chicago Bears	Soldier Field, Chicago
Hockey	Chicago Blackhawks	United Center, Chicago
Fútbol	Chicago Fire	Soldier Field, Chicago

▼ *De izquierda a derecha:* La Torre Sears, en Chicago, es el edificio más alto de Estados Unidos; Abraham Lincoln cumplió sus funciones como senador del estado en el antiguo Capitolio estatal, en Springfield.

y luego llegó a jugar para los Chicago Bears durante los años de 1920 y 1930.

Chicago tiene equipos deportivos profesionales de béisbol, básquetbol, fútbol americano y hockey. En Illinois han jugado muchos atletas brillantes que han hecho historia en los deportes; por ejemplo, el basquetbolista Michael Jordan llevó a los Chicago Bulls a seis campeonatos de la Asociación Nacional de Básquetbol (NBA, *National Basketball Association*), de 1991 a 1993 y de 1996 a 1998.

Sitios históricos

Illinois celebra su rica historia con numerosos sitios históricos en todo el estado. En el parque histórico estatal Black Hawk, ubicado junto al río Rock en el noroeste de Illinois, se encuentra el Museo Indio Hauberg, dedicado a la cultura de los indios fox y sauk, que vivieron en esa zona durante los siglos XVIII y XIX. El parque tiene también zonas para picnic, senderos para excursionismo, pistas para esquí a campo traviesa y un cementerio de pioneros.

En el oeste de Illinois, el sitio histórico Nauvoo documenta el paso de la comunidad mormona que se estableció allí un tiempo durante el siglo XIX. Los turistas pueden ver las casas reconstruidas de los líderes mormones Joseph Smith y Brigham Young.

Illinois ofrece numerosas atracciones en honor a Abraham Lincoln. El lugar de la cabaña de troncos de Lincoln, cerca de Charleston, en el centro sur de Illinois, tiene una reconstrucción del último hogar de los padres de Lincoln. En el predio hay también un museo de historia viva con jardín, huerto, ahumadero y granero, todo para mostrar a los visitantes cómo era la vida en una granja del siglo XIX. En Springfield, la capital del estado, se encuentra la tumba de Lincoln y la reconstrucción de uno de sus estudios jurídicos. También en Springfield está el edificio del antiguo Capitolio del estado, sede del gobierno de Illinois desde 1839 hasta 1876, donde Lincoln cumplió funciones de legislador estatal.

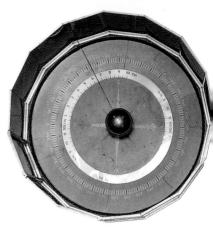

Parques estatales y nacionales

Diseminados por todo el estado de Illinois hay más de cien parques y zonas naturales estatales. Tanto el río Mississippi como el Illinois y el Ohio brindan oportunidades para practicar rafting y piragüismo. Abundan las zonas pintorescas ideales para el excursionismo, la comida campestre y los campamentos.

En el noroeste de Illinois, el parque estatal Mississippi Palisades ofrece vistas espectaculares del Mississippi desde los empinados acantilados que se elevan desde las márgenes del río. El paisaje está salpicado de formaciones rocosas fascinantes, como Indian Head y Twin Sisters. Otro pasatiempo popular en el Mississippi es la pesca.

Ubicado junto al río Illinois, el parque estatal Starved Rock muestra riscos escarpados espectaculares y saltos de

▼ En Chicago, el lago Michigan es un lugar de paseo para la gente que vive en la ciudad.

agua sensacionales. Los turistas vienen aquí a disfrutar del excursionismo, las cabalgatas y los campamentos. El parque estatal Cave-in-Rock, ubicado cerca del límite con Kentucky a orillas del río Ohio, se llama así por la ancha caverna de 55 pies (17 m) que una vez sirvió de escondite para los bandidos que asaltaban a quienes viajaban desprevenidos por el río Ohio. La zona incluye el histórico pueblo de Cave-in-Rock.

¿Lo sabías?

En la Universidad de Chicago han estudiado o han trabajado más de setenta ganadores del Premio Nobel.

Colegios universitarios y universidades

El sistema universitario del estado de Illinois se compone de ocho universidades, además de la Universidad de Illinois, que tiene tres sedes: en Chicago, Springfield y Urbana-Champaign. Tiene también más de cincuenta colegios universitarios comunitarios. En Illinois hay muchos colegios universitarios privados, incluida la prestigiosa Universidad de Chicago, importante centro de educación, sabiduría e investigación. Con su altamente respetado e innovador departamento de educación, la universidad ha tenido un importante impacto en las escuelas de toda la nación. Fundada en 1851, Northwestern University ofrece educación de primer orden en más de doce colegios universitarios y escuelas. Ubicada en Evanston (Illinois) y con más de dieciséis mil estudiantes, es una de las principales universidades privadas de la nación.

Sistema universitario del estado de Illinois
(Total de inscriptos: más de 191,000 estudiantes)

Eastern Illinois University, en Charleston

Chicago State University, en Chicago

Governors State University, en University Park

Illinois State University, en Normal

Northeastern Illinois University, en Chicago

Northern Illinois University, en DeKalb

Southern Illinois University, con sedes en Carbondale y Edwardsville, y una escuela de medicina en Springfield

University of Illinois, con sedes en Chicago, Springfield, y Urbana-Champaign

Western Illinois University, en Macomb

Pioneros del Estado pradera

...somos nuestra mutua cosecha;
somos nuestros mutuos asuntos;
somos nuestra mutua grandeza y unión.
— *Gwendolyn Brooks*

Éstas son sólo algunas de las miles de personas que vivieron, murieron o pasaron gran parte de su vida en Illinois, haciendo contribuciones extraordinarias al estado y a la nación.

JANE ADDAMS
REFORMADORA SOCIAL

NACIDA: *el 6 de septiembre de 1860, en Cedarville*
FALLECIDA: *el 21 de mayo de 1935, en Chicago*

Jane Addams fue una reformadora y pacifista que luchó por los derechos de los trabajadores, las mujeres y los niños. Fundó la Hull House, uno de los primeros establecimientos de asistencia social de Estados Unidos. Addams presionó al gobierno para que se mejorara la salud pública y los servicios sanitarios, se redujera la cantidad de días laborables y se prohibiera el trabajo infantil. Trabajó también para asegurar el voto femenino y la paz internacional. Por sus incansables esfuerzos para mejorar las condiciones laborales, de vivienda y de educación en toda la nación, en 1931 recibió el Premio Nobel de la Paz.

IDA B. WELLS-BARNETT
PERIODISTA Y REFORMADORA

NACIDA: *el 16 de julio de 1862, en Holly Springs, MS*
FALLECIDA: *el 25 de marzo de 1931, en Chicago*

Hija de esclavos, Ida B. Wells se transformó en periodista y gran defensora de los derechos civiles. Después de que una turba matara a unos amigos, Wells empezó a organizar grupos para terminar con esta práctica violenta. En 1895 Wells se mudó a Chicago y se casó con el abogado Ferdinand L. Barnett. La pareja publicó el *Conservator* de Chicago, periódico que defendía los derechos civiles. Ese año Wells publicó el primer informe estadístico sobre los linchamientos, *The Red Record (El archivo rojo)*. En 1909 Wells formó parte de la Comisión de los 40, que fundó la Asociación Nacional para el Progreso de la Gente de Color (NAACP, *National Association for the Advancement of Colored People*). La NAACP luchaba para asegurar los derechos civiles de los afroamericanos. Una vez Wells escribió: «Es mejor morir peleando contra la injusticia que morir en una trampa como un perro o una rata».

Robert Andrews Millikan

FÍSICO

NACIDO: *el 22 de marzo de 1868, en Morrison*
FALLECIDO: *el 19 de diciembre de 1953, en San Marino, CA*

Robert Andrews Millikan fue un físico que hizo un trabajo innovador sobre la carga eléctrica elemental. En 1921 dejó su puesto de profesor de tiempo completo en la Universidad de Chicago para trabajar en el Instituto de Tecnología de California (*Cal Tech*). Allí Millikan estudió la radiación que viene del espacio exterior, a la que llamó rayos cósmicos. Millikan ayudó a que *Cal Tech* se transformara en una de las principales universidades investigadoras de la nación. En 1923 ganó el Premio Nobel de Física.

Jack Benny

COMEDIANTE Y ACTOR

NACIDO: *el 14 de febrero de 1894, en Waukegan*
FALLECIDO: *el 27 de diciembre de 1974, en Beverly Hills, CA*

Jack Benny (cuyo verdadero nombre era Benjamin Kubelsky) actuó en radio y luego en televisión durante más de treinta años. Desde 1932 hasta 1955 *El show de Jack Benny* fue una de las emisiones de radio más populares de la nación. Benny se rodeó de un elenco talentoso y de los mejores escritores de comedia del rubro, que a menudo se burlaban de la seriedad del comediante. En 1950 Benny dio un paso triunfal a la televisión, cuando *El show de Jack Benny* empezó a aparecer en la pantalla chica.

Ernest Hemingway

ESCRITOR Y DEPORTISTA

NACIDO: *el 21 de julio de 1899, en Oak Park*
FALLECIDO: *el 2 de julio de 1961, en Ketchum, ID*

Ernest Hemingway, uno de los escritores más importantes del siglo xx, fue famoso por su estilo simple, sobrio y elegante, el cual influyó sobre generaciones de escritores. Entre sus obras más conocidas están *Fiesta* y *Por quién doblan las campanas*. Para escribir algunas de sus más grandes obras, Hemingway se basó en sus propias experiencias de soldado y aventurero. En 1953 el célebre autor recibió el Premio Pulitzer por *El viejo y el mar* y en 1954 ganó el Premio Nobel. En 1961 Hemingway se suicidó.

Walt Disney

PRODUCTOR DE ESPECTÁCULOS

NACIDO: *el 5 de diciembre de 1901 en Chicago*
FALLECIDO: *el 15 de diciembre de 1966 en Los Angeles, CA*

Walt Disney creó el querido personaje de dibujos animados Mickey Mouse, y fundó el estudio cinematográfico y de televisión, y los parques temáticos que llevan su nombre. Disney fue un pionero de los dibujos animados y creó gran cantidad de personajes adorables como el pato Donald y Goofy. Disneylandia, su primer parque de diversiones, se inauguró en California, en 1955. Fue el primero de los muchos parques temáticos que cada año visitan millones de personas.

Mary Astor
ACTRIZ

NACIDA: *el 3 de mayo de 1906, en Quincy*

FALLECIDA: *el 25 de septiembre de 1987, en Woodland Hills, CA*

Mary Astor (cuyo verdadero nombre era Lucille Vasconcellos Langharke) fue una actriz de cine y teatro reconocida. Su carrera cinematográfica empezó en 1921, durante la época del cine mudo, y gracias en parte a su experiencia como actriz de teatro, pudo pasar al cine sonoro. El papel más famoso de Astor quizás haya sido el que interpretó como coprotagonista de Humphrey Bogart en *El halcón maltés* (1941). Esta actriz ganadora del Premio de la Academia superó los escándalos de su vida privada para disfrutar de una larga carrera cinematográfica que duró hasta la década de 1960.

Harry Andrew Blackmun
JUEZ DE LA CORTE SUPREMA

NACIDO: *el 12 de noviembre de 1908, en Nashville*

FALLECIDO: *el 4 de marzo de 1999, en Arlington, VA*

Nacido en Illinois, Harry Blackmun se crió en St. Paul (Minnesota). Graduado en la Escuela de Leyes de Harvard, en 1970 el presidente Richard Nixon lo propuso para la Corte Suprema, y el Senado lo confirmó por unanimidad. Nixon tuvo la esperanza de que Blackmun fuera un juez conservador, y lo fue durante los primeros años. Pero en 1973 sorprendió al mundo cuando dictó sentencia en el famoso caso *Roe c/ Wade*, que benefició a los liberales. Durante el resto del ejercicio de su cargo en la Corte Suprema, Blackmun escribió opiniones y disensos que daban un apoyo decisivo al derecho a la privacidad, la acción afirmativa, la separación de la Iglesia y el estado, y las libertades de la primera enmienda.

Gwendolyn Elizabeth Brooks
POETISA

NACIDA: *el 17 de junio de 1917, en Topeka, KS*

FALLECIDA: *el 3 de diciembre de 2000, en Chicago*

Gwendolyn Brooks fue una de las poetisas más importantes de Estados Unidos. Nació en Kansas, pero cuando tenía un año de edad, su familia se mudó a Chicago, donde vivió el resto de su vida. Brooks escribió acerca de la comunidad afroamericana en la que vivía, y con sus versos atrajo la atención del país hacia el espíritu de su pueblo y las circunstancias de su vida cotidiana. Empezó publicando poesías en el *Chicago Defender* y en 1945 publicó su primer libro, *A Street in Bronzeville (Una calle de Bronzeville)*. Cinco años después ganó el Premio Pulitzer por *Annie Allen,* colección de poesías sobre una niña afroamericana criada en Chicago. En 1968 obtuvo el galardón de poesía del estado de Illinois y de 1985 a 1986 trabajó como asesora poética en la Biblioteca del Congreso.

Miles Davis
MÚSICO DE JAZZ

NACIDO: *el 26 de mayo de 1926, en Alton*

FALLECIDO: *el 28 de septiembre de 1991, en Santa Mónica, CA*

Miles Davis fue un trompetista dotado que tuvo una profunda influencia en la evolución del jazz. Empezó a tocar la trompeta a los trece años de edad. Davis fue un músico, director de banda y compositor talentoso, que ayudó a que muchos músicos se iniciaran tocando con él, incluidos John Coltrane y Herbie Hancock. Con su famoso estilo improvisador, Davis fue un innovador y uno de los primeros músicos de jazz en experimentar con la unión del jazz y el rock.

Betty Friedan

ESCRITORA Y ACTIVISTA

NACIDA: *el 4 de febrero de 1921, en Peoria*

Betty Friedan es una feminista y escritora que fue líder de los movimientos que defendían los derechos de la mujer durante los años de 1960 y 1970. En 1963 publicó *La mística de la feminidad*, un libro innovador que exploró la subordinación de la mujer en la sociedad moderna. Friedan fue cofundadora de la Organización Nacional de la Mujer (NOW, *National Organization for Women*), dedicada a obtener la igualdad de derechos para las mujeres. Friedan luchó por la aprobación de la Enmienda de la Igualdad de Derechos y se manifestó en contra de la discriminación sexual en los lugares de trabajo y en toda la sociedad estadounidense.

Michael Jordan

BASQUETBOLISTA

NACIDO: *el 17 de febrero de 1963, en Brooklyn, NY*

Considerado por todos y desde todo punto de vista el mejor jugador de la historia del básquetbol profesional, en 1984 Michael Jordan se incorporó a los Chicago Bulls. Entre 1991 y 1998 llevó al equipo a seis campeonatos de la NBA. En el curso de su carrera en la NBA, Jordan recibió numerosos premios, incluidos el de mejor jugador novato del año y el de jugador más valioso de la temporada regular y de las finales. Llevó además al equipo de básquetbol estadounidense a ganar dos medallas de oro olímpicas. Después de que los Bulls ganaron el campeonato de la NBA de 1998, Jordan se retiró, pero en 2001 salió de su retiro para unirse a un nuevo equipo, los Washington Wizards.

Jimmy Connors

TENISTA

NACIDO: *el 2 de septiembre de 1952, en East St. Louis*

Jimmy Connors ganó muchos campeonatos de tenis durante los años de 1970 y 1980. Aprendió a jugar con su madre y llegó a ocupar los primeros puestos de la clasificación. En la cúspide de su carrera ganó importantes premios de la modalidad individual en Wimbledon, el Abierto de EE.UU. y el Abierto de Australia. Conocido como competidor agresivo y de genio vivo, Connors tiene el récord de todos los tiempos de permanencia como tenista profesional número uno: 273 semanas.

▼ **Michael Jordan**

Illinois

Un vistazo a la historia

1839
Los mormones fundan Nauvoo (Illinois); Springfield se transforma en capital del estado.

1673
Louis Jolliet y Jacques Marquette llegan a Illinois.

1680
Robert La Salle funda el fuerte Crevecoeur.

1778
George Rogers Clark obtiene el control de Illinois para los colonos rebeldes.

1818
Illinois se transforma en estado.

1830
Abraham Lincoln se muda a Illinois.

1848
Se termina el canal Illinois y Michigan; se funda la Junta de Comercio de Chicago.

1675
Marquette funda una misión con los indios kaskaskia.

1763
Francia entrega Illinois a Gran Bretaña.

1787
Se aprueba la Ordenanza final del Noroeste.

1825
Se abre el canal de Erie.

1832
Guerra de Halcón Negro.

1600	1700	18

1492
Cristóbal Colón llega al Nuevo Mundo.

1607
El Cap. John Smith desembarca con tres barcos en las costas de Virginia y funda Jamestown, el primer asentamiento inglés en el Nuevo Mundo.

1754–1763
Guerra contra la alianza Franco-Indígena.

1776
El 4 de julio se adopta la Declaración de Independencia.

1787
Se redacta la Constitución de EE.UU.

1773
Motín del Té de Boston

1777
El Congreso Continental adopta los Artículos de Confederación.

1812–1814
Guerra de 1812.

Estados Unidos

Un vistazo a la historia

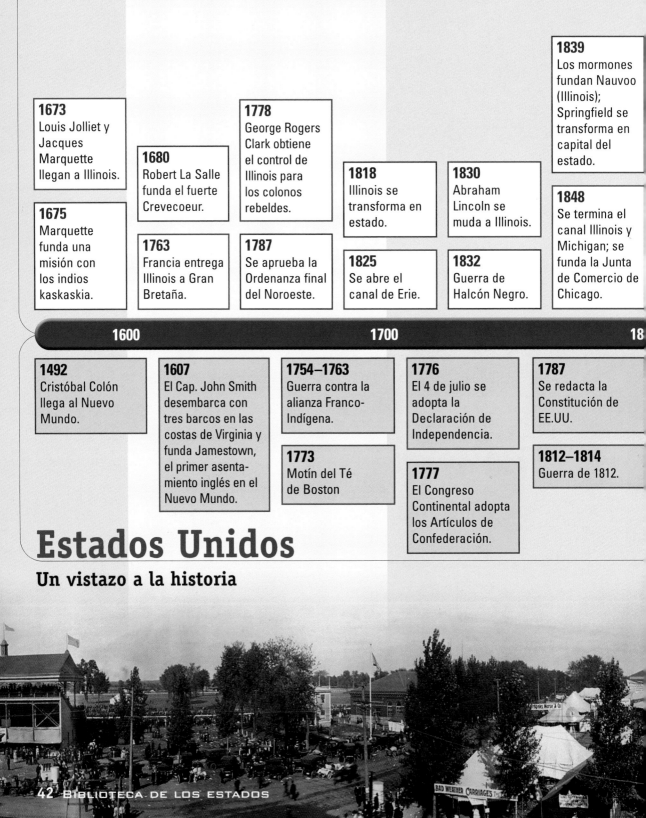

1858
Abraham Lincoln pierde la batalla por el Senado frente a Stephen Douglas.

1860
Eligen presidente a Abraham Lincoln.

1871
Gran incendio de Chicago.

1885
Se construye en Chicago el Home Insurance Building, el primer rascacielos.

1903
Illinois se transforma en el primer estado que estableció una jornada laboral de ocho horas.

1913
La Asamblea General otorga a las mujeres el derecho a votar en las elecciones presidenciales.

1920
Illinois es el primer estado que ratifica la Decimonovena Enmienda, que otorga a todas las ciudadanas de EE.UU. el derecho a votar en todas las elecciones.

1939
Se descubre petróleo en el centro y el sur de Illinois.

1942
En la Universidad de Chicago se produce la primera reacción nuclear en cadena.

1955–1976
Richard Daley es alcalde de Chicago.

1970
Se lleva a cabo la convención constitucional más reciente de Illinois.

1980
Eligen presidente a Ronald Reagan.

1800 — **1900** — **2000**

1848
Se descubre oro en California; 80,000 buscadores llegan atraídos por la fiebre del oro de 1849.

1861–1865
Guerra Civil.

1869
Se termina el Ferrocarril Transcontinental.

1917–1918
EE.UU. interviene en la Primera Guerra Mundial.

1929
La quiebra del mercado accionario da inicio a la Gran Depresión.

1941–1945
EE.UU. interviene en la Segunda Guerra Mundial.

1950–1953
EE.UU. pelea en la guerra de Corea.

1964–1973
EE.UU. interviene en la guerra de Vietnam.

2000
George W. Bush gana las elecciones presidenciales más reñidas de la historia.

2001
Un ataque terrorista deja miles de muertos y heridos, después de que cuatro aviones secuestrados se estrellan contra el World Trade Center, en la ciudad de Nueva York, el Pentágono y en territorio de Pensilvania occidental.

▼ **Feria Estatal de Illinois de 1909.**

Festivales y diversión para todos

Visita el sitio Web para verificar la fecha exacta e indicaciones de cómo llegar.

Festival de Jazz Asiático-Estadounidense de Chicago, Chicago

Celebración internacional de jazz donde la música con raíces en las tradiciones asiáticas toma forma nueva.

www.kzy.com/caajf

Festival de Blues de Chicago, Chicago

Chicago, ciudad conocida por sus blues, es la sede de este festival de música popular.

www.ci.chi.il.us/SpecialEvents/Festivals/Blues2001

Muestra Náutica de Chicago, Chicago

Muestra de cuatro días de duración, donde se exhiben toda clase de embarcaciones.

www.lemta.com/boatshows/chicagoland

Celebración de Decatur, Decatur

El festival gratuito callejero más grande de Illinois, para la familia; presenta espectáculos nacionales, catorce tablados para espectáculos y mucho más, a lo largo de veintidós cuadras de la ciudad.

www.decaturcelebration.com

Festival Artístico del Jardín Botánico de Chicago, Chicago

Fabuloso festival donde se presentan cien artistas y sus obras.

www.amdurproductions.com/botanic

Festival de Cine de Terror con Insectos, Urbana

Si te asustan los insectos, este festival no es para ti. Auspiciado por la Universidad de Illinois, el festival exhibe películas protagonizadas por toda clase de insectos espeluznantes.

www.life.uiuc.edu/entomology/ifff.html

Festival del Dulcémele de Gebhard Woods, Morris

Festival que celebra el instrumento folklórico estadounidense, el dulcémele.

http://gwdf.org

Gran Festival de Botes Remolcadores de Grafton, Grafton

Excursión por los ríos Mississippi e Illinois a bordo del *Anastasia*.

altonriverboats.com/grafton.htm

Feria Estatal de Illinois, Springfield

Durante casi 150 años la Feria Estatal de Illinois ha mostrado la historia agrícola del estado, acompañándola con mucha diversión.

www.state.il.us/fair

Festival de Música y Danza Irlandesa del Sur de Illinois, **Carbondale**

¡Arte, música, cine, danza y más!

intranet.siu.edu/~irish

Festival de Ravinia, **Ravinia**

Festival de interpretaciones artísticas reconocido en toda la nación.

www.ravinia.org

Festival Folklórico de Música Tradicional de la Universidad de Chicago, **Chicago**

Uno de los festivales folklóricos con auspicio universitario de mayor duración en el país, donde se celebra la música folklórica de todo el mundo.

www.uofcfolk.org/index.html

Festival de Globos Aerostáticos Clásicos, **Danville**

Sobrevuela Illinois en este festival de globos aerostáticos.

www.balloonlife.com/publications/
balloon_life/9708/danville.htm

Libros

Altman, Linda Jacobs. *The Pullman Strike of 1894: Turning Point for American Labor (La huelga Pullman de 1894: momento decisivo para el trabajo estadounidense)*. Brookfield, CT: Millbrook Press, 1994. Lee acerca de una huelga que llevó a un paro de transportes en 1894.

Bial, Raymond. *Where Lincoln Walked (Donde Lincoln caminó)*. New York: Walker & Co., 1998. Aprende acerca de la vida de Lincoln antes de ser presidente y mira imágenes del mundo en el cual se crió.

Murphy, Jim. *The Great Fire (El gran incendio)*. New York: Scholastic, 1995. Informa sobre el incendio que destruyó gran parte de Chicago en 1871.

Sammartino McPherson, Stephanie. *Peace and Bread: The Story of Jane Addams (Pan y paz: la historia de Jane Addams)*. Minneapolis: Carolrhoda Books, 1993. Libro sobre una mujer notable de Illinois que dedicó su vida a los demás y ganó el Premio Nobel de la Paz.

Sayre, April Pulley. *Grassland (Pradera)*. New York: Twenty First Century Books, 1995. Descubre más acerca del medio ambiente natural de Illinois.

Wills, Charles A. *A Historical Album of Illinois (Un álbum histórico de Illinois)*. Brookfield, CT: Millbrook Press, 1994. Historia detallada de Illinois desde antes de la llegada de los europeos hasta nuestros días.

Sitios Web

▶ El sitio Web oficial del estado
www.state.il.us

▶ El sitio Web oficial de la capital del estado
www.springfield.il.us

▶ El sitio Web oficial de Chicago
www.ci.chi.il.us

▶ Sociedad Histórica del Estado de Illinois
www.historyillinois.org

Películas

Grubin, David. *The Time of the Lincolns (El tiempo de los Lincoln)*. Boston, MA: David Grubin Productions, Inc./The American Experience/WGBH, 2001. La vida privada y la vida pública de Abraham Lincoln, décimo sexto presidente de la nación, oriundo de Illinois.

King, George. *Goin' to Chicago (Ir a Chicago)*. San Francisco, CA: California Newsreel, 1994. Escucha las historias de los afroamericanos que migraron de las dificultades del sur para construir una vibrante comunidad en el Bronzeville de Chicago.

Nota: Los números de página en *bastardilla* remiten a ilustraciones o fotografías.

A

Abraham Lincoln, Casa y sepultura de, 7
Addams, Jane, 4, 14, 38
aeropuertos, 26, 27
afroamericanos, 7, 15, 19, 28, 32
agricultura, 4, 13, 23, *26*, 27
algonquina, Lengua, 8
Alianza Franco-Indígena, guerra contra la, 8–9
amerindios, 7–8, *8*, 9
Anderson, John, 30
animal de caza (del estado), 6
árbol (del estado), 6
arquitectura, 14, 29, 33, *33*
Asamblea General, 29, *31*
Asociación Nacional para el Progreso de la Gente de Color (NAACP), 38
Astor, Mary, 40
atracciones
arquitectura, *14*, 29, 33, *33*
arte y cultura, 32
festivales, 44–45
lagos de Illinois, 4, 7, 12, 21, 23
música, 4, 33, 40–41
ríos, 8, 12, *17*, 21, 23, 36
deportes, 34–35, 41
Aurora, 6
ave (del estado), 6

B

básquetbol, 34–35
béisbol, 34
Benny, Jack, 39
Black Hawk, 11, *11*
Black Hawk, Parque histórico estatal, 35
Blackmun, Harry Andrew, 40
blues, 33
bolsa de valores, *26*
Bolsa de Valores de Chicago, *26*
bomba atómica, 15
Bond, Shadrach, 28
Brooks, Gwendolyn Elizabeth, 40
Burnham, Daniel H., 14
Byrne, Jane, *28*

C

cabaña de troncos Lincoln, 35
cahokia, Indios, *8*, 9
Cahokia Mounds, Parque histórico estatal, 7, *9*
Cámara de Comercio de Chicago, 12
Cámara de Representantes, 29

canción (del estado), 6
capitales de Illinois, 6, 28
Carlyle, Lago, 23
Carta de Derechos de Illinois, 29
casa de los Dana-Thomas, 33
Cave-in-Rock, Parque estatal, 37
Celebración de Decatur, 44
Chamberlain, Everett, 13
Charles, Montículo, 21
Chicago, 4, 6, 7, 13, *17, 20, 36*
Chicago, Río, *17*, 21
Chicago & Alton Railroad Company, 12
Chicago Bears, 34–35, *35*
Chicago Blackhawks, 34
Chicago Bulls, 34
Chicago Cubs, 34
Chicago Daily News, 33
Chicago White Sox, 34
ciudades de Illinois, 5, 6
Civil, Guerra, 12
Clark, George Rogers, 9
Cleveland, Grover, 14
clima, 21–23
Clinton, Hillary Rodham, 30
Colbert, Elias, 13
comercio de pieles, 8–9
composición étnica de Illinois, 16–19
comunidad alemana, 18
comunidad amish, *19*
comunidad irlandesa, 18
comunidad mormona, 10–11, 35
condición de estado, 6, 10, 28
Connors, Jimmy, 41
Conservator, 38
constituciones, 28–29
corporación McDonald's, 7
Corte Suprema de Illinois, 29

D

Daley, Richard J., 15
danza (del estado), 6
Davis, Miles, 40–41
Decimonovena Enmienda, 7, 29
deportes, 34–35, 41
Dimiceli, Sal, 18
Disney, Walt, 39
distribución por edades, 16
Douglas, Stephen, 11

E

economía y comercio
agricultura, 4, 13, 23, *26*, 27
aeropuertos, 26, 27
industria ganadera, 27
Bolsa de Valores de Chicago, *26*
empleadores, 24
exportaciones, 26

industria financiera, 27
comercio de pieles, 8–9
producto estatal bruto, 24
industrias, 12–13, 27
fuerza laboral y conflictos laborales, 14, 24
venta minorista por correo, 13, *13*
manufactura, 27
recursos naturales, 23, 25
industria petrolera, 14–15, 23
ingreso per cápita, 24
industria editorial, 26
transportes, 5, 12–13, 14, 26
edificio Carson Pirie Scott and Company, *14*
edificio del Capitolio, 29, 34, 36
educación de los residentes de Illinois, 7, 15, *16, 18,* 37
Edwards, Ninian, 28
embalses, 23
empleadores, 24
Erie, Canal de, 12
esclavitud, 10
«Escuela de Chicago», de arquitectura, *14*
exportaciones, 26

F

Feria Estatal de Illinois, *42–43,* 44
Fermi, Enrico, 15
ferrocarriles, 12–13, 14
Festival Artístico del Jardín Botánico de Chicago, 44
Festival de Blues de Chicago, 44
Festival de Cine de Terror con Insectos, 44
Festival de Globos Aerostáticos Clásicos, 45
Festival de Jazz Asiático-Estadounidense de Chicago, 44
Festival del Dulcémele de Gebhard Woods, 44
Festival de Música y Danza Irlandesa del Sur de Illinois, 45
Festival de Ravinia, 45
Festival Folklórico de Música Tradicional de la Universidad de Chicago, 45
festivales, 44–45
flor (del estado), 6
flora y fauna, *20,* 23
fluorita, 23
Ford, Betty, 30
fósil (del estado), 6
fox, Indios, 8, 11, 35

Friedan, Betty, 41
fuerte Crevecoeur, 8
fuerza laboral y conflictos laborales, 14, 24
fútbol, 34
fútbol americano, 34–35

G

geografía de Illinois, 20–23, *22*
geología, 21
gobierno. *Véase* política y figuras de la política
Gran Depresión, 14
gran emigración, 19, 33
Gran Festival de Botes Remolcadores de Grafton, 44
gran incendio de Chicago de 1871, 13, *14–15*
Grandes Lagos, 12
Gray, Hannah, 7
Guerra Mundial, Primera, 14
Guerra Mundial, Segunda, 15

H

Halcón Negro, 11, *11*
Hemingway, Ernest, 39
hockey, 34
Home Insurance Building, 7, 13, 14
Hudson, Río, 12
huelga de Haymarket Square, 14
Hull House, 38

I

Iglesia de Jesucristo de los Santos de los Últimos Días, 10–11, 35
Illiniwek, 8
Illinois y Michigan, Canal de, 12
Illinois, Río, 36
incendio de Chicago, 34
industrias de Illinois, 12–13, 27
industria editorial, 26
industria financiera, 27
industria ganadera, 27
industria petrolera, 14–15, 23
ingresos, 24
ingreso per cápita, 24
inmigración, 16–19
insecto (del estado), 6
Instituto de Arte de Chicago, 4, 32, *32*

J

jardín botánico de Chicago, 33
jazz, 4, 40–41
Jenny, William LeBaron, 13, *14*
Jolliet, Louis, 8
Jordan, Michael, 41, *41*

K

Kaskaskia, 28
kaskaskia, Indios, 8, 8, 9
Kennedy, John F., 30
Kroc, Ray, 24

L

lagos de Illinois, 4, 7, 12, 21, 23
LaSalle, Robert, 8
latitud, 20
legislación social, 29
lema (del estado), 6
libros acerca de Illinois, 45
Lincoln, Abraham, 7–8, 11–12, 12, 30, 31, 35
Lincoln, Parque, 36
línea cronológica de la historia de Illinois, 42–43
lluvia, 21

M

maíz, 26, 26
manifestaciones, 24
manufactura, 27
mapas de Illinois, 5, 22, 25
Marquette, Jacques, 8
michigamea, Indios, 8
Michigan, Lago, 4, 7, 21
Midway, Aeropuerto, 27
Millikan, Robert Andrews, 39
mineral (del estado), 6
Mississippi Palisades, Parque estatal, 36
Mississippi, Indios del, 8
Mississippi, Río, 8, 21, 23, 36
mística de la feminidad, La, (Friedan), 41
Moseley-Braun, Carol, 7, 15
movimiento por los derechos civiles, 38–39
Muestra Náutica de Chicago, 44
Museo de Ciencia e Industria, 7
Museo DuSable de Historia Afroamericana, 32
Museo Field de Historia Natural, 32
Museo Indio Hauberg, 35
música, 4, 33, 40–41

N

nieve, 21
Nixon, Richard M., 30
nombre de Illinois, 4, 8, 20
Nueva Salem, 21

O

O'Hare, Aeropuerto Internacional, 7, 26, 27
Ohio, río, 23, 36
Ordenanza del Noroeste, 10, 28
Ozark, Montañas de, 21

P

Partido Demócrata, 15
películas acerca de Illinois, 45
Peoria, 6
peoria, Indios, 8, 8
petróleo, 23
pez (del estado), 6
Planetario Adler, 37
población, 6, 16–17
poder ejecutivo, 29, 30
poder judicial, 29
poder legislativo, 30
política y figuras de la política
    Addams, Jane, 4, 14, 38
    Anderson, John, 30
    Blackmun, Harry Andrew, 40
    poderes del gobierno, 29–30
    Byrne, Jane, 28
    Cleveland, Grover, 14
    Clinton, Hillary Rodham, 30
    Daley, Richard J., 15
    Douglas, Stephen, 11
    Friedan, Betty, 41
    Kennedy, John F., 30
    Lincoln, Abraham 8, 11–12, 12, 30, 31, 35
    Moseley-Braun, Carol, 7, 15
    Nixon, Richard M., 30
    Reagan, Ronald, 15, 30, 31
    Washington, Harold, 28
Pope, Nathaniel, 7

pradera, 20, 23
Premio Nobel, 37, 38
presidentes provenientes de Illinois, 30
Proclama de 1763, 9
producción agropecuaria, 4, 13, 23, 26, 27
producción de etanol, 26
producto estatal bruto, 24
Proyecto Manhattan, 15

R

rascacielos, 7, 13, 33, 34
Reagan, Ronald, 15, 30, 31
recursos naturales, 23
Red Record, The, 38
religión, 10–11, 19, 35
Rend, Lago, 23
Revolución, Guerra de la, 9
Ridgeway, R., 20
ríos, 8, 12, 17, 21, 23, 36
Rockford (Illinois), 6

S

sauk, Indios, 8, 11, 35
San Lorenzo, Canal de, 4
Sandburg, Carl, 33
Sangamon, Río, 23
Sears Roebuck and Company, 13
sello de Illinois, 28
Shawnee, Bosque nacional, 21
Shawnee Hills, 21
Shelbyville, Lago, 23
sistema de carreteras, 5, 26
sistema universitario del estado de Illinois, 37
sitios históricos, 35–36
sitio histórico Nauvoo, 35
sitios Web acerca de Illinois, 45
Six Flags Great American, 33
Smith, Joseph, 10–11, 35
sobrenombre de Illinois, 4, 8, 20
Spoon, Río, 23
Springfield, 6, 28, 29
Starved Rock, Parque estatal, 21, 36

Steppenwolf Theater Company, 32
Sullivan, Louis, 14
superficie de Illinois, 6, 20

T

tamaño de Illinois, 20
tamaroa, Indios, 8, 8
Teatro Auditórium, 14
temperatura, 21
Territorio de Illinois, 28
Territorio del Noroeste, 10, 28
Time Is Now, The, (organización sin fines de lucro), 18
topografía, 21
Torre Sears, 7, 33, 34
transportes, 5, 12–13, 14, 26
túmulos, 9
túmulos funerarios, 8, 9
Twain, Mark, 16

U

Universidad de Chicago, 15
Universidad de Illinois, 37
Universidad de la Hamburguesa, 7
Universidad del Noroeste, 37

V

Vandalia, 28
venta minorista por correo, 13, 13
vías fluviales de Illinois, 5

W

Wabash, Río, 23
Ward, Aaron Montgomery, 13
Washington, Harold, 28
Wells-Barnett, Ida B., 38–39
Wright, Frank Lloyd, 33

Y

Young, Brigham, 11, 35

Z

zonas rurales, 19
zonas urbanas, 19. Véanse también Chicago (Illinois); ciudades específicas